思春期女子のからだと心 Q&A

増補改訂版

資料ダウンロード付き

著者 産婦人科医 八田 真理子

労働教育センター

はじめに

はじめまして！

私は、産婦人科クリニックを開業しながら、地域の公立中学、高校の学校医も兼任しております。また、依頼があれば、診療の合間に中学や高校に、時に小学校へも性教育講演に出向きます。そのため、養護教諭の先生方とお話しする機会も多く、質問を受けることもあります。先生方からのご紹介や、また私が女性医師であることもあり、さまざまなトラブルを抱えた思春期の女の子が私のクリニックを訪れます。

この本では、実際に養護教諭の先生方が子どもたちからの質問にどう答えたらよいか、どういう時に受診をすすめるかなど、診療現場でのエピソードや資料なども織り交ぜながらQ&Aの形で紹介していきます。少しでも多くの先生方のお役に立てることができたら幸いです。そして子どもたち（女の子はもちろん、男の子も）や保護者の方々にも手に取っていただき、女の子のからだについての理解を深めていただければうれしいです。

目次

Part 1

産婦人科ってどんなところ?

産婦人科受診は、思春期の女の子にとってまだまだハードルが高いことでしょう。このハードルを少しでも下げていくには、私たち産婦人科医の努力だけでは足りません。いつも学校で子どもたちに接している養護教諭の先生方の理解と協力なしには成しえないことです。

「病気になったから産婦人科を受診する」のではなく、女性として「いつでもどんなことでも相談できるところ」として「産婦人科のかかりつけ医」を持ってほしいと思っています。

「産婦人科は怖いところじゃないよ」「女の子のミカタになるのが産婦人科医だよ」のメッセージとともに、すべての産婦人科医が、思春期の女の子に寄り添える時代が来ることを期待して、以下の質問に応えていきます。

Q₁ 産婦人科ってどんなところ?

A
女性のからだで、
一生のうちに起こる種々のイベントに対応できる場所です。

　講演で「産婦人科ってどんなイメージがある?」と子どもたちに聞いてみると、「自分とは関係ないところ」「もっと大人になったら行くところ」という返事がたくさん返ってきます。「赤ちゃんができたら行くところ」「内診は恥ずかしい」「怖い」というイメージから、産婦人科は「敷居が高い」と思われているのは今も昔も変わっていないと思います。これは、大人の女性でも多くの方が感じているのですから、思春期の女の子にとってはなおさらのことでしょう。

　実は、年齢を区切らず女性のからだで一生のうちに起こるイベントに対応できるのが産婦人科です。思春期のころから産婦人科医をミカタにつけておけば、女性としてメリットがたくさんあると私は考えています。産婦人科の診療内容は、妊婦健診や出産、各種検診やピルの処方、体外受精などの不妊症治療など、多岐にわたります。

まずは思春期外来をオススメします

　一口に産婦人科といっても、医療機関によってそれぞれ得意分野があります。そこで先生方には、子どもがどこへ受診したらよいか迷っているとき、まずは「思春期外来」を掲げている医療機関を勧めてほしいのです。しかし地域によってはそのような場所がないかもしれませんので、先生から事前に医療機関への受診の道筋をつけてあげるとよいと思います。

　具体的には「生理痛がひどい生徒がいるのだが、そちらの病院は思春期の子を診察してもらえるか?」「性交経験のない子だが、一人で受診させても大丈夫か?」などについて事前に聞いて、予約が必要な場合は、その手配までしてあげれば安心して受診できるでしょう。

　また、思春期の女の子が初めて受診するなら、どちらかと言えば女性医師のほうがかかりやすいかもしれません。いまでは、ほとんどの医療機関がホームページを持っているので、インターネットで検索してみるとよいでしょう。また、学校医の先生に伺えば、診療科が違っても地域医療で役に立つ情報が得られるかもしれません。

Q_2 どのような検査機械や器具があり、どんな検査をするの?　痛くない?

A

特徴的なのは、内診台と経腟（経直腸）超音波装置があること。
痛みはありません。
どうしてもイヤな場合は本人の希望を優先します。

「内診は恥ずかしい」「怖い」というイメージを持たれているのは、どんな機械や器具でどのように検査されるのかという不安も同時にあるからだと思います。

産婦人科で特徴的なのは、内診台と経腟（経直腸）超音波装置があることです。

まずは問診を行なってから診察となります。

内診台には、下半身の下着を外して座ります。最近では、女性が恥ずかしくないよう工夫が施された内診台も増えています。

私たち医師はまず、外性器やおりものの状態を確認します。必要であれば超音波検査を行ないます。子宮や卵巣の大きさ、働きの状態を確認するため、細い経腟プローブ（料理で使うすりこぎ棒のような形で、先は丸く太さは親指1本分くらい／図表1-1）を、性交経験がなければ肛門から挿入します。これらの検査は数十秒で終わり、傷をつけたり、苦痛を伴ったりすることはまったくありません。

一方で、年齢にかかわらず「内診がどうしてもイヤ」という女の子にも遭遇します。産婦人科医の立場からすると、内診で得られる情報は重要なのですが、まずは本人の希望を優先しています。この場合、お腹の上からの超音波検査や、血液で貧血やホルモンの値を測って診断することもあります。

とはいえ、どうしても内診が必要な場合は、時間を掛けてきちんとその必要性を伝えるようにしています。なお、経口避妊薬であるピルは、問診と血圧測定だけで処方を受けることができます。

図表1-1　経腟プローブ

Q3 何を聞かれますか？

A
まずは月経（生理）についてです。
自分のからだの状態をあらかじめメモしておいてください。

　まずは自身の月経（生理）*の状態が聞かれます。初めて生理があった年齢や周期、最近の生理日やその期間、腹痛や頭痛など痛みの状態や生理の量についても詳しく答えられるように、あらかじめメモしておきましょう（Q6　図表1-2参照）。

　また、性交経験の有無も大切なことなので、恥ずかしがらずに伝えましょう。お母さんや付き添いの家族が同伴の場合でも、診察の際はなるべく本人だけで受けるようアドバイスしてあげてください。

　　＊生理のことを医学用語では「月経」といいます。

Q4 生理中は、受診してはいけない？

A
できれば避けたほうが良いですが、
思春期の生理は不安定ですね。
医師もそれは十分知っているので安心してください。

　できることなら控えたほうがよいと思いますが、診察を行なううえで、実はそれほど支障はありません。

　私のクリニックでも、生理が1か月以上続いているのに「生理が終わらないと受診できないと思っていた」という方がいらっしゃいました。これではずっと気分も浮かないし、貧血が進んでしまうこともあり、よいことはありません。また、緊張からなのか、受診にあわせて生理が始まったという例もあります。特に思春期は月経が安定していないことが多く、体調や環境、気候などさまざまな要因で不正出血が起こるこ

とは珍しくありません。思春期を診ている産婦人科医は、このような女の子のからだの状態を十分理解していますので、安心して受診してください。

　一方で「性交経験がないと診察できないの?」との質問もよく受けますが、まったく問題はありません。

---

 5 受診するときの服装は?

ゆったりとしたフレアスカートが良いでしょう。

　基本的にどんな服装でも大丈夫です。制服でも構いません。でも、できればパンツより、ゆったりとしたフレアスカートをはいて行かれたほうがよいでしょう。

　しかし、スカートでなくても、産婦人科の内診室には、タオルケットや下半身を覆うような巻きスカートなどが常備されていますから、安心してください。

Q₆ 受診の際の持ち物は？

A
緊張してうまく話せないかもしれませんね。
伝えたいことをメモしておくと良いでしょう。

あらかじめ、以下のような内容をメモしておくと良いでしょう。

図表1-2　受診時に用意しておきたいメモ

問診で伝えたいこと

- いつからどんな症状があるのか
- 困っていること
- 希望すること　　　など

月経の状態

- 最後の生理日と日数、量、痛みの具合
- 過去1年間くらいの生理の状況　　　など

特に初めてだと、緊張していて問診できちんと伝えられない女の子がほとんどです。母親などが同伴することも多いのですが、医療機関によっては、本人しか診察室に入れないこともあります。診察時間は限られているので、的確に情報を医師に伝えることが大切です。

よく、「基礎体温を3か月くらいとってから受診させるべきなのか？」と聞かれますが、医療技術が進んでいる現在は、必ずしもなくても診療には差し支えません。

最近の基礎体温計は高性能でおしゃれになり、短時間で測定ができるようになりました。データの記録もパソコンやスマートフォンアプリでグラフとしてダウンロードできて、いろいろなお知らせ（排卵日や「妊娠かも！」と受診を促すアラームなど）も入る時代となっています。自身の健康管理や「女性としてのメモリー」という意味合いでも大切な記録なので、ぜひ基礎体温測定は「朝の習慣」とするよう指導していただけると嬉しいです。

🫧保険証とナプキンを忘れずに

　子どもには、受診の際には「健康保険証」を持参する旨を伝えてください。ただ、妊娠や避妊、性感染症のことなど、プライベートなことを親には知られたくない子がいるのも事実です。このような場合、未成年なので複雑な問題となります。

　実際に診療現場で、母親は娘の性交経験はないと主張するのですが、実は複数の相手がいて、妊娠と性感染症が判明した例もあります。

　日本において性交同意年齢は16歳に引き上げられました。そのため、未成年であっても、性のプライバシーは守らなくてはなりません。

　基本的に、妊娠や避妊、人工妊娠中絶に関しては保険診療外なので、保険証は使いません。しかし、性感染症は、症状があれば保険診療となり、検査やお薬は保険診療で受けられます。初診料は医療機関にもよりますが、おおむね5,000円から1万円程度。自治体によっては、子ども医療費助成制度により、高校生相当年齢まで定額料金の場合もあります。

　また、受診する際に「ナプキン」を持っていくと安心です。検査のときに少量の出血や、腟錠による治療でおりものが増えたりすることもあるからです。

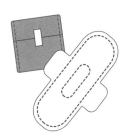

Part 1のまとめ
❶ 産婦人科は女性のミカタで怖くない
❷ 思春期外来があるかを確認
❸ 受診の際はフレアスカートで
❹ 保険証とナプキンを忘れずに
❺ 伝えたいこと、生理の状況はメモして
❻ かかりつけ医を見つけよう

Part 2

生理痛がつらい！（前編）
「機能性月経困難症」と、その痛み

**女子生徒の80%が
月経時、勉強や運動に影響するほどの体の不調がある**

これは、NPO法人日本子宮内膜症啓発会議が、2016年9月に千葉県内の中学校・高等学校各1校（女子生徒計608名）を対象に実施したアンケート結果です。多くの女子生徒が、月経時に腹痛や頭痛、吐き気などの不調を感じており、勉強や運動に何らかの支障が出ているという実態が明らかにされました。しかし、その不調は「みんなにあるもの」「がまんするもの」という認識が強いようです。

私のクリニックを訪れる思春期の女の子のなかでも、「月経痛」は、最も多い訴えの一つです。月経痛に対してどのような指導を行なったらよいのか、そのメカニズムと対処法を一緒に考えていきましょう。

生理痛がつらくて学校を休んだ。
Q7 病気かな?

A
思春期のうちはまだ病気ではないことが多い。ですが……。

　月経のたびに、倒れこむように保健室へやって来る女子生徒の対応をされる先生も多いと思います。

　女の子は平均12歳くらいで「初潮」を迎え、しばらくすると「排卵」が起こり、子宮内膜（赤ちゃんのベッド）を厚くして「妊娠の準備」をします。妊娠が成立しないと子宮内膜は剥がれ落ち、腟から体外へ排出されます。これが「月経」です。

　月経のとき、多くの女性は多少の「お腹や腰の重だるさや不快感」を感じますが、より症状が強く日常生活に支障をきたすものを「月経困難症」といいます。これには「機能性月経困難症」（病気がないタイプ）と「器質性月経困難症」（病気があるタイプ）の２つがあります（図表2-1、図表2-2）。

　思春期の女の子はまだ「機能性」のことが多いのですが、そのまま「器質性」へ発展していくことがあります。月経は子宮内膜の剥がれであり、病理学的にはそこに炎症が起こっています。月経のたびに炎症が繰り返され、そこに何らかの免疫反応が働き器質性へ発展していくのだと考えられています。

図表2-1　月経困難症って?

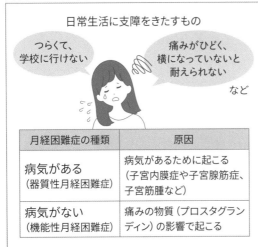

月経困難症の種類	原因
病気がある（器質性月経困難症）	病気があるために起こる（子宮内膜症や子宮腺筋症、子宮筋腫など）
病気がない（機能性月経困難症）	痛みの物質（プロスタグランディン）の影響で起こる

図表2-2　機能性月経困難症

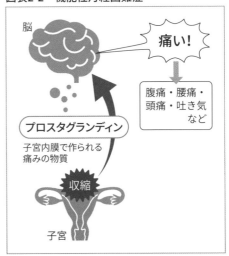

生理痛ってどうして起こるの?

A
月経の際に出る発痛物質が脳に伝わるためです。

まず、「痛みはなぜ起こるのか？」ということから考えていきましょう。

人間の痛みはすべて脳が感じています。月経痛は、子宮内膜が剥がれたときに発生する「プロスタグランディン」という発痛物質が、脊髄神経へ電気信号として「脳」に「痛み」を伝えています。そのため、この「プロスタグランディン」を抑えることが一つの対処法になります。

では、どうすれば良いのか。

まずはじめの対処法は、一般に市販されている「鎮痛剤を服用すること」です。

ポイントは「早めに服用すること」、そして「痛みの閾値を上げていくこと」です。できれば、痛みを感じる前に薬を飲んで「痛くない状態をつくること」です。

一度つらい痛みを経験すると、「次も痛いのでは……」と脳は痛みに敏感になります。痛み物質を水に例えると、その受け皿になるバケツから水があふれてしまうということです。それなら、バケツを大きくすればあふれませんよね（図表2-3）。

図表2-3　生理痛を軽減させるには「痛みの閾値」を上げる

Q₉ 鎮痛剤を飲み続けると、効かなくなるってホント?

A それは間違い。薬剤師と相談して決めるのも良いでしょう。

　いま市販されている鎮痛剤は、用法用量を守れば思春期でも安心して服用できるものがほとんどで、耐性はありません。

　痛み止めを選ぶ基準は特にありません。価格やパッケージで決めてもよいと思います。薬剤師さんと相談して、自分に合うものを探してみるのもよいでしょう。

　そして、学校でも服用できるよう、いつも「お守りとして持つ」ことをおすすめします。服用する際は空腹時を避け、何か食べ物（クッキーなどでもよい）とたっぷりの水分をとりましょう。

Q₁₀ 生理痛を軽くする方法ってあるの?

A しっかりと栄養を摂り、お腹や足首を温めてください。

　日常生活で痛みを強く感じる要因とは何でしょう。

　普段は比較的痛みを感じにくい人でも、大きなストレスや不安、恐怖を感じたときや、カゼ気味のとき、寝不足、体力が低下しているときは、痛みを強く感じることがわかっています。

❶食事

　「痩せ志向」による無理なダイエットや偏食は痛みの閾値を下げます。思春期は、女性のからだをつくる大切な時期です。"思春期のダイエット"は、女性の一生において一つもよいことがありません。

　医学的にみると、月経時は子宮内に炎症が起こり、カロリーを消費します。月経前

にホルモンの影響で食欲が増すのは、実は理にかなっているのです。この時期こそ、しっかり栄養を摂ることが大切です。

❷ 温める

古来より痛みを楽にする手段として患部を「温める」ことは行なわれてきました。季節を問わず、お腹や腰にカイロなどを当てることは有効です。

入浴時はシャワーだけで済まさず、できれば湯船にも浸かってほしいところ。経血で浴槽を汚してしまう心配がある場合は、タンポンの使用もよいと思います。いまは、小学生でも使用できるアプリケーター付きの小さなタイプも発売されています。はじめは怖いかもしれませんが、ゆっくり息を吐きながら肛門の方向に向けて、しっかり深く挿入することがコツ。浅いと違和感がありますが、適切な場所に入ると違和感はまったくなくなります。経血が多いときに試してみましょう。月経期間を快適に過ごすことができるかもしれません。

ただし、長時間入れっぱなしにしたタンポンに感染が起こる可能性があるため、夜間は外すこと。抜き忘れには十分注意してくださいね（81ページのQ52「タンポンって怖くない？」参照）。

そして、意外と知られてないのは「足首を冷やさない」ことです。内くるぶしから３〜４横指上にある「三陰交」というツボは、お腹と繋がっています（図表2-4）。このツボを指で押したり温めたりすることで、月経痛が和らぐこともあります。今どきの制服はミニが流行していますが、特に月経中は、下半身は冷やさないようにしてください。

❸ 運 動

月経中は運動を制限する必要はありません。骨盤内の血流をよくするためにも、ストレッチやヨガ、軽いジョギングやウォーキングなど適度な運動を行なうとよいと思います。

図表2-4　三陰交

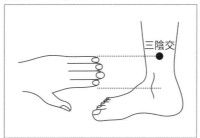

Q11 年齢に応じた生理痛の対処法について知りたい

A
生活習慣を整えて。
大人は子どもの訴えに耳を傾けてください。

　初潮からしばらくは、生理に対してネガティブなイメージを持っていたり、また思春期は、いじめや家庭内トラブルなどストレスが原因であったりする可能性が高いと考えます。保健室では子どもの訴えに耳を傾け、「月経は、将来赤ちゃんができる大人の女性のからだになる準備をしているのよ」などの温かな言葉がけをしてください。

　実は鎮痛剤もピルも効かないひどい生理痛の女の子が、部活を引退したらウソのように痛みがなくなった例がありました。本人も気づいていない部活のストレスが原因だったのです。特に思春期にこのような例は多いと感じています。

　生活習慣としては、先にも記しましたが、しっかり栄養を摂ること、睡眠をよくとること、からだを温めストレッチなどで動かすことも指導してください。

　近年、ダイエット志向や朝寝坊で朝食を摂ってこない生徒も多いことが指摘されています。生理の時期はエネルギーを必要とします。エネルギー不足だと、当然痛みに対し弱く敏感になります。

　また、鎮痛剤は早めに服用することで生理痛が楽になります。くれぐれも空腹では服用しないでください。さらに服用回数が増えたり、痛みがだんだんひどくなったり、服用しないとしんどい場合は「月経困難症」です。産婦人科受診をすすめましょう。

Column

> #### 戦前の10倍!?
>
> 　戦前の女性は初潮が16歳くらいと遅く、しかも子どもをたくさん産んでいたので、生涯で月経は50回程度でした。それに比べ、現代の女性は、一生のうちに450〜500回も月経を経験します。
>
> 　月経回数が10倍近くも増えたことで、現代の女性は月経トラブルが多くなったのです。今の子どもたちにこの事実を伝えることは重要です。

痛みが治まらないときは？

**生理のとき、以下の次のようなことが一つでもあり、
続くときは産婦人科を受診しましょう。**

- 痛くて学校に行けない
- 保健室で休みたくなる
- 市販の鎮痛剤が効かない
- だんだんひどくなってきた
- つらくて吐いてしまう
- 起き上がれない
- 予定をキャンセルしないといけない

　風邪をひいたり、試験や部活、友人関係のトラブルなどのストレスや寝不足など、体力が低下したりしているときは、いつもより痛みを強く感じることがあります。そのため、まずは食事や睡眠、運動などの生活習慣を見直すよう指導してください。さらに、ストレスの原因がないか問いかけ、子どもたちの話をじっくり聴いてあげてください。

　生理のときは、子宮内では痛み物質であるプロスタグランディンが出て、ある意味、炎症が起きているため体力を消耗します。そのため、しっかり栄養を摂ることが大切なのです。ダイエットや減食していると、特に痛みに弱くなります。また、冷えも痛みを増強させます。シャワーだけで済ませず、できればゆっくり湯船に浸かるようすすめてください。

　経血が湯船を汚してしまう心配がある人は、入浴中だけでもタンポンを使用してもよいと思います。さらに低温やけどに注意しながら、日中は下着に貼るホカロン®やカイロなどでお腹や腰を温めましょう。

　一方、頑なに痛み止めに頼らないと決めていたり、くせになるからと服用を躊躇したりする女の子を数多く診てきました。いまやドラッグストアに並んでいる痛み止めのほとんどは、用法用量を守れば安心して使用できます。痛み止めの多くは、このプロスタグランディンの発生を抑えることで痛みを軽減します。

　ポイントは「早めに飲む」こと。痛みのピークで飲むと効かないことも。プロスタ

グランディンが出る前に服用することで痛みを抑えることができるわけです。自分に合った痛み止めを探してみるよう指導してください。

　このような指導を行なっても改善しない場合は、後に紹介するホルモン治療があります。「一度、産婦人科の先生に相談してみたら？」と産婦人科への受診をすすめてください（検査の内容は、Part 1のQ3〜Q6をご覧ください）。

　また、「月経」をマイナスイメージにとらえていると、それ自体も痛みの閾値(いきち)を下げる要因であるストレスになります。そういう女の子には「月経は大人の女性になる準備。将来赤ちゃんができる体にしているのよ」と、伝えていただければと思います。

 **Q₁₃ 生理のときにプールに入ったり
お風呂に入ったりしても大丈夫?**

A

大丈夫です！　タンポンや月経カップの使用もあります。

　基本的に問題はありません。ただし、プールやお風呂から出るときに経血が流れ出ることがありますので、色の濃い大きめのバスタオルなどを準備するようアドバイスしてあげてください。

　また、年齢を問わず、生理用タンポンの使用も一案です。性交の有無にかかわらず挿入は可能です。注意点は抜き忘れないこと、長時間入れっぱなしにしたタンポンに感染が起こる可能性があるため、できれば就寝中は使用しないことです（81ページのQ52「タンポンって怖くない？」参照）。

　最近では、経血を腟内でキャッチできる月経カップも登場しました。取り外しを忘れないことと、コツさえつかめれば思春期の女子でも使用可能です。また、サニタリーグッズとして、ナプキンと一体型のショーツもあるようです。生理期間を快適に過ごせるアイテムは上手に利用しましょう。

Part 2のまとめ
❶痛みの閾値(いきち)を上げよう
❷痛み止めは早めに服用
❸ダイエットと冷えは大敵
❹生活改善で治らなければ病院へ

Part 3

生理痛がつらい!（後編）
「器質性月経困難症」と「月経困難症治療薬」

子宮内膜症になる可能性が2.6倍!

月経のとき、日常生活に支障をきたすほどのつらい不調が起こる「機能性月経困難症」についてと、その「痛み」に対する対応や考え方をPart 2に紹介しました。

思春期の女の子はまだ「機能性」であることが多いです。しかし、思春期のころから月経困難症のある女の子は、「器質性」へ発展していくことも多く、器質性月経困難症の代表疾患である「子宮内膜症」になる可能性が2.6倍も高いという報告があります。

この項では、「器質性月経困難症」とその対応について考えましょう。

Q₁₄ 「子宮内膜症」ってなに?

A

子宮内膜に似た組織が子宮内膜以外にできてしまう病気です。

　「子宮内膜症」とは、子宮内膜に似た組織が子宮内膜以外にできて、痛みや不妊症の原因となる病気です。近年、少子化や晩婚化により、一生のうちに経験する月経回数が増えたことから、子宮内膜症の女性は増えており、生殖可能年齢の10人に1人から2人が罹っているとされています。

　原因ははっきりわかっていませんが、「子宮内膜移植説（月経血とともに子宮内膜が卵管を通って腹腔内に逆流する）」と「体腔上皮化生説（腹膜が何らかの原因で子宮内膜に変化する）」の2つが考えられています。

　月経のたびに、子宮内膜は増殖し、剥離を繰り返します。病巣にできた子宮内膜組織からは、プロスタグランディンやインターロイキンという痛み物質が発生し、炎症やゆ着を引き起こすのです。

　このように、子宮内膜症は良性の疾患にもかかわらず、まるでガンのように月経のたびに進行していくため「進行性増殖性疾患」といわれています。

　以前は、初経から7年程度経って発症すると考えられており、思春期には極めて少ないとされていました。しかし、腹腔鏡など診断技術の向上により、海外では「骨盤痛を訴えた思春期女子19〜72%に子宮内膜症を認めた」という報告もあり、思春期でも月経痛がつらい場合は放置せず、早い時期からの治療開始が望まれます。

図表3-1　子宮内膜症

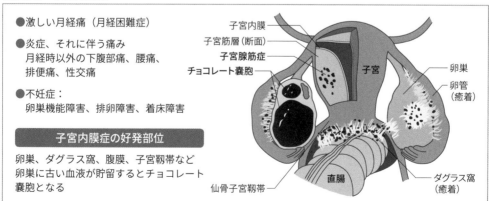

●激しい月経痛（月経困難症）

●炎症、それに伴う痛み
　月経時以外の下腹部痛、腰痛、
　排便痛、性交痛

●不妊症：
　卵巣機能障害、排卵障害、着床障害

子宮内膜症の好発部位

卵巣、ダグラス窩、腹膜、子宮靭帯など
卵巣に古い血液が貯留するとチョコレート
嚢胞となる

子宮内膜
子宮筋層（断面）
子宮腺筋症
チョコレート嚢胞
子宮
卵巣
卵管（癒着）
仙骨子宮靭帯
直腸
ダグラス窩（癒着）

図表3-2　子宮内膜症の症状

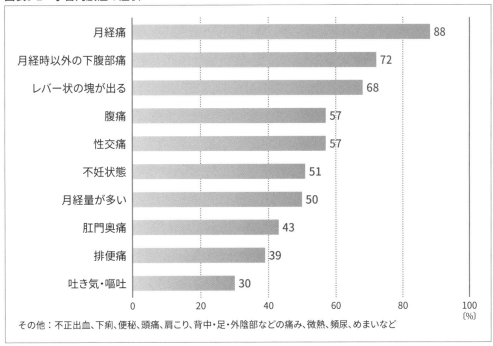

その他：不正出血、下痢、便秘、頭痛、肩こり、背中・足・外陰部などの痛み、微熱、頻尿、めまいなど

Q15 生理の回数が多いと子宮内膜症になる可能性も高い？予防のためにピル服用は効果があるの？

A

そのとおりです！

　「月経（生理）の回数が多いと子宮内膜症になる可能性」は、あります。

　そもそも月経の機序は、妊娠の準備をしたのに妊娠が成立しなかった結果、子宮内膜が剥がれ落ちることです。女性は毎月このようなダイナミックな準備とリセットを繰り返しており、実はとてももったいないことをしているのです。

　子宮内膜症の原因ははっきりわかっていませんが、この繰り返す月経が発症の要因の一つと考えられています。戦前の女性のように、若くして結婚し、妊娠、出産、授乳を続けて月経の回数が少なければ、子宮内膜症になる人は現代の女性に比べると僅かだったと考えられています。ピルは「赤ちゃんはいないけれど妊娠に近い状態」をつくるので、月経痛は改善され、子宮内膜症に進行しにくくなるのです（詳細は、後述Q18の回答を参照）。

Q16 生理の異常で考えられる疾患は何がある?

A
思春期で多いのは、
排卵障害（多嚢胞性卵巣症候群〈PCOS〉、体重減少性無月経など）
と、まれに妊娠（子宮外妊娠のことも）です。

　日本産科婦人科学会では、思春期のPCOS（74ページのQ48参照）に対する治療方針は黄体ホルモンやKaufmann療法とされていますが、経口避妊薬である低用量ピル（OC）＊も一般臨床ではよく使われています。

　急激な体重減少や過度なダイエットは禁物。無月経が長期にわたると、自然に月経が来なくなるため早い段階での介入が必要です。精神科専門医との連携も必要になることもあります。

　思春期は月経が安定していないことも多く、ストレスや風邪などでも遅れることもあります。まれなケースではありますが、いつもの生理不順で太っただけと思っていたら、かなり妊娠週数が進んでいたことがありました。また、不正出血で子宮外妊娠が見つかった生徒もいました。

　＊OC（低用量ピル）は避妊薬、LEP製剤は子宮内膜症や月経困難症などの治療薬。84ページのQ55参照。

Q17 生理痛がひどいと、病気になる？

A
放置してはダメ。将来、不妊のリスクもあります。

　私の診ていた子宮内膜症の患者のＡさんも、中学３年生のころからひどい生理痛に悩まされていました。当時は誰にも相談できず、また受診することもなく、鎮痛剤でしのいでいました。私が最初に診たときは彼女は24歳で、卵巣チョコレート嚢胞（子宮内膜症により卵巣にできた子宮内膜難似組織から出血を繰り返し、古い血液がまるでチョコレートのように溜まる病気）の摘出手術を受けました。

　その後結婚をし、すぐにでも赤ちゃんが欲しかったのですが、なかなかできません。不妊治療を行ない、３回の体外受精をしても妊娠には至りません。毎月訪れる「つらい生理痛」と「赤ちゃんができない悲しみ」に苦しんでいました。39歳で妊娠を断念し、夫婦二人で生きていく選択をしました。いまは更年期を迎えていますが、もっと早くに中学３年生のときから月経困難症の治療を始めていたら、もしかしたら子どもたちに囲まれた賑やかな家庭を持っていて、彼女の人生は大きく変わっていたかもしれません。

　「女性の人生を台無しにしてしまう病気」——それが「子宮内膜症」なのです。「たかが生理痛」と放置せず、このような病気に発展していくことがあることを知ってほしいと思います。そして、生理痛が強い女の子には、将来のためにも産婦人科受診を促してください。

Q18 月経困難症の治療方法はあるの？

A

LEP製剤（低用量エストロゲン・プロゲスチン配合剤）と黄体ホルモン製剤、子宮内黄体ホルモン放出システム（IUS）があります。

いまは「月経困難症治療薬」として「低用量エストロゲン・プロゲスチン配合剤（LEP製剤）」が保険適用で、３か月の長期処方も受けられます。含まれるプロゲスチンの種類によりラインナップも豊富になり、後発品（ジェネリック）も発売されています。

LEP製剤は、卵巣から出る２つの女性ホルモンを微量服用することで排卵を休ませ、月経を自らコントロール（試験や旅行中に月経が当たらないようにするなど）することもできるお薬です。ある意味、「赤ちゃんはいないけれど妊娠と同じ状態」（妊娠の予行練習）にしているわけです。

保健の授業で指導する「毎月妊娠の準備をして、妊娠しなかったら月経が来る」ことは、実は生物学的に考えたら、とてももったいないことをしています。実際は、赤ちゃんが欲しいときに排卵が起こって、妊娠に至るのが理想です。

これからは、月に１回の消退出血をわざわざ起こさせない「フレックス処方（３～４か月連続投与法）」が主流になっていくでしょう。妊娠を希望しない女性にとって、月経はなるべく回数が少ないほうが有利であり、快適な毎日が過ごせるようになります。

消退出血とは、女性ホルモン（卵胞ホルモンのエストロゲンと黄体ホルモンのプロゲステロン）が低下することで起こる子宮内膜が剥がれる出血のことで、月経やピルを休薬した際にも見られます。

黄体ホルモン製剤は、女性ホルモンの一つであるプロゲステロンと同じ作用をもつお薬です。服用すると、卵巣の働きを抑えて排卵が起こりにくくなり、子宮内膜が厚くならないので月経がなくなり痛みを緩和させることができます。

さらに、**子宮内黄体ホルモン放出システム（IUS）ミレーナ®**は、子宮内で黄体ホルモンが最長５年間持続的に放出され、子宮内膜を薄い状態にすることで月経困難症を治す器具です。以前から避妊目的で使われてきましたが、月経困難症や過多月経の治療薬として保険適用となりました。

Q₁₉ これらの治療薬の メリット・デメリットは、なあに？

A
それぞれ特徴があります。

　LEP製剤は飲み始めのころの副作用として、妊娠初期のつわりのような症状、たとえば「食欲がなくなる」「気持ちが悪い」「頭痛」「腹痛」「不正出血」などが起こることがありますが、ほぼ3か月以内にはおさまります。もしも症状が強い場合は、一時的に「胃薬と一緒に服用する」「寝る前に飲む」などで対処してみましょう。

　また、思春期の女の子では極めてまれですが、重大な副作用に、血のかたまりが細い血管に詰まることで起こる「血栓症」があります。図表3-3のような前兆があればすぐに服用を中止し、医療機関を受診しましょう。予防としては、普段から水分摂取（1日1,500cc以上）や長時間同じ姿勢でいないこと、運動を心がけましょう。

　また、LEP製剤を服用しても、消退出血のときに痛みがあるケースがあります。体調や気分、気候、ストレスとも関係しているので、まずは生活習慣を見直してみてください。

　「排卵しにくくなるのでは？」という声もよく聞きますが、ピルは不妊症治療薬と

図表3-3　血栓症の前兆

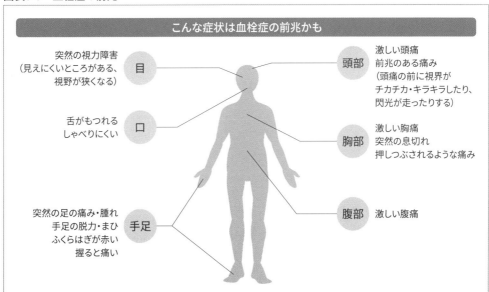

して使われてきた歴史もあり、服用を中止した後にはむしろ排卵しやすくなることがわかっています。

　黄体ホルモン製剤の特徴は、エストロゲンが含まれていないことから血栓症リスクが上がらないことです。また、つわりのような吐き気が起こらず、LEP製剤が合わない人には向いています。お薬の効果の持続時間が短いため、朝と晩の2回の服用が必要なこと。不正出血が起こりやすいことが副作用として挙げられます。ただし、服用を続けていくうちに不正出血は少なくなり、痛みも軽快していきます。

　子宮内黄体ホルモン放出システム（IUS）ミレーナ®は、ホルモン剤の全身への作用は少ないため血栓症リスクはなく、飲み忘れなどの不安もありません。出産の経験がない人でも挿入はできますが、挿入時は痛みや出血を伴います。不正出血や知らないうちに脱出することもあり、現時点で思春期女子には100%おすすめはしません。

 **月経困難症のために
ホルモン製剤を服用しているけれど、
その間は一度も生理を来させないの？**

**服用中は出血が少なくなり、
LEP製剤で自分の思いどおりにコントロールできます。
黄体ホルモン製剤と子宮内黄体ホルモン放出システムも
出血は減少していきます。**

　ホルモン製剤服用中は生理のような消退出血は少なくなります。これまでは1か月に1回、生理周期のようにわざわざホルモンをオフにして出血を起こさせるホルモン製剤がほとんどでした。いまは数か月連続して服用することで痛みが楽になるだけでなく、長期間服用することで、出血はほとんどなくなります。また、LEP製剤は、自分の思いどおりに出血を起こすこともできます。

　服用を中止すれば、数か月以内に排卵が起こりやすくなることもわかっています。

　黄体ホルモン製剤と子宮内黄体ホルモン放出システムは、出血のコントロールはできませんが、痛みのない少量の出血程度でほとんど気にならなくなります。

Q21 自分は、
LEP、黄体ホルモン製剤の
どっちを飲んだらいいのかな？

A
特徴を知って、自分に合うホルモン製剤を使いましょう。

図表3-4　月経困難症での各ホルモン製剤の効用やリスク

	LEP製剤	黄体ホルモン製剤	IUS (ミレーナ®)
月経痛を緩和したい	◎	◎	◎
月経をコントロールしたい	◎	△	△
不正出血を減らしたい	◎	△	△
服用が楽・飲み忘れの心配	○	△	◎
費用（保険適用）	○	○	◎ (5年間)
血栓症リスク	△	◎	◎
喫煙している人	△	○	◎
肥満の人	△	◎	◎
吐き気	△	◎	◎
性交経験がない思春期女子	◎	◎	△

◎ とてもすすめる　○ すすめる　△ あまりすすめない

＊避妊が必要であれば、OC（低用量ピル）かIUSを使用。その場合は、保険適用外となります。

OC／LEPの違い

どちらもエストロゲンとプロゲステロン（プロゲスチン）の
合剤です。

● OC（自費）
　避妊や月経不順、ニキビ治療が主目的

● LEP（保険適用）
　月経困難症や子宮内膜症に伴う疼痛の軽減が主目的

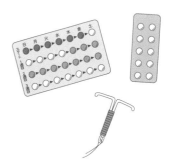

Q₂₂ 思春期でも
ホルモン製剤を飲んでいいの?

A
初経を迎えていれば、理論上は服用可能です。

　ホルモン製剤には女性ホルモンが含まれているため、骨端線の閉鎖を考慮する必要があります。骨端線が閉鎖すると、骨の成長が止まると言われています。

　初経を迎えた女の子はすでに骨端線の閉鎖が起こっていると考えられてきましたが、近年では初経後も骨端線が閉じていない子もおり、身長も伸びている女の子も多くみられます。

　一方で、ホルモン製剤が骨成長を阻害するという報告はありません。そのため、初経を迎えていれば小学生でも理論上、服用は可能です。

　しかし、初経後間もない思春期の女の子は、まずはダイエットや減食をしないで食事をしっかりとること、運動や睡眠等の生活習慣を整えることが鉄則です。服用希望の場合は、産婦人科医とよく相談してください。

　私のクリニックでも、月経困難症を訴える多くの思春期の女の子がこのホルモン製剤の恩恵を受けています。もちろん、月経痛を楽にするにはお薬だけでなく、生活習慣の改善が最も大切で、基本であることは言うまでもありません。

Part 3のまとめ
❶ 思春期の月経痛は、まず生活習慣の改善を
❷ 月経困難症はホルモン製剤で治療できる
❸ 強い月経痛は将来、器質性月経困難症発症のリスク大

Part 4

初経が来ない！ 病気かな？

「私、高校生になったのに、まだ生理が来ないんです。病気ですか?」
こんな生徒さんが来たら、先生方はどう対応されますか?
受診を勧めるラインはどこにあるのでしょう。
本項では、女の子の初経にまつわる話を進めていきます。

初経っていつまでに来るものなの?

平均12.5歳。約98%の子が中学3年生までに迎えます。

　皆さんもよくご存じのように、初経の平均年齢は12.5歳です。2008年の調査によれば、中学3年生までに98.1%の女の子は初経を迎えています（図表4-1）。初潮は、早くなっている傾向はありますが、図表4-1に示される数字は今も、多くは変わりありません。

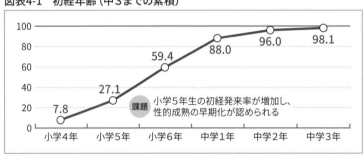

図表4-1　初経年齢（中3までの累積）

資料）東京都幼稚園・小・中・高・身障性教育研究会　2008年調査より

　実のところ、思春期に月経が初来するメカニズムはいまだによくわかっていません。はっきりしているのは、脳の視床下部→下垂体→卵巣への内分泌的機能に大きな変動が見られ、それらのはたらきが確立されることで「排卵」が起こり、「月経」が訪れることです。
　思春期の女の子のからだは「乳房発育」→「陰毛発育」→「初経」の順に変化していきます。
　日本産科婦人科学会の定義によれば、「乳房発育が11歳まで」「陰毛発育が13歳まで」「初経が14歳まで」にみられないものを「思春期遅発症」とされています。
　さらに、15歳以上で初経が来るものを「遅発月経」、18歳になっても初経が起こらないものを「原発性無月経」といいます。
　一方、「乳房発育7歳未満」「陰毛発育9歳未満」「初経10歳未満」でそれぞれの発現がみられた場合を「早発思春期」としています。早過ぎても遅過ぎてもよくないのが、二次性徴なのです（図表4-2）。

図表4-2　月経発来時の異常

● 10歳未満で初経がある

早発月経	脳腫瘍などの中枢性特発性が多い 最終身長を伸ばすことが治療の目的

● 15歳になっても初経がない

遅発月経	Turner症候群＊等の染色体異常 Rokitansky症候群＊＊　➡二次性徴あり 見せかけの無月経
18歳 原発性無月経	

＊ターナー症候群：2つのX染色体のうち1つが部分的または完全に欠失して出生した状態
＊＊ロキタンスキー症候群：子宮と腟の一部もしくは全部が欠損して生まれる先天性の疾患

🔵 発達の順番を覚えておきましょう。しかし、個人差はあります。

　先生方にはまず「おっぱい（乳房）のふくらみ」→「下の毛（性毛）の生え始め」→「初経」の順番をおさえておいてほしいと思います（図表4-3）。

　15歳となる高校生になっても初経がみられない場合は、産婦人科への受診を勧めてください。できれば思春期外来のあるところが良いでしょう。

　なお、男子の二次性徴は9歳頃から精巣・性器、10歳頃から性毛、11歳頃から腋毛・ひげの順番で発育します。

　図表4-3とあわせて、乳房の発育と陰毛の発生段階のレベルを表わすTanner分類を図表4-4に示します。

図表4-3　発育の順番（女子）

乳房	～11歳
⬇	
陰毛	～13歳
⬇	
初経	～14歳

個人差はある

図表4-4　Tanner分類（乳房の発育と陰毛の発生段階）

	Ⅰ	Ⅱ	Ⅲ	Ⅳ	Ⅴ
乳房発育の段階	思春期前	乳輪下の脂肪組織の蓄積・つぼみの時期	乳房の隆起	乳輪の隆起	成人輪郭
陰毛発生の段階	思春期前	大陰唇にわずかに発毛	恥丘にも発毛が広がる	ほぼ成人型だが範囲が狭い	大腿内面の発毛もあり、成人型

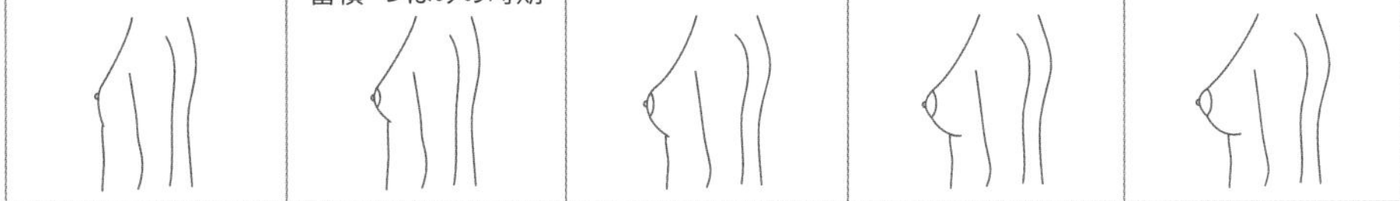

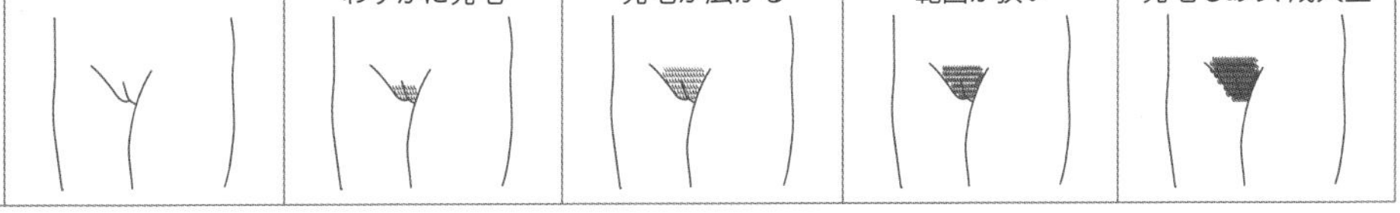

Q₂₄ 産婦人科の先生が伝えたい
初潮教育って?

A
正しい知識と新しい命の誕生への準備が始まる喜びを
伝えたいですね。

　決していやらしい行為ではなく、私たちの先祖も同じように性交を行ない、私たちがこの世に生を受けています。

　たった一つの卵子に約3億匹の精子が我さきと突入し、たった1匹の精子が受精し、妊娠に至ります。これらの過程は神秘的であり、奇跡の連続で妊娠が成立します。

● 妊娠のメカニズム

　以下、その仕組みをみていきましょう。

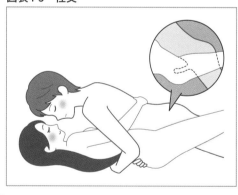
図表4-5　性交

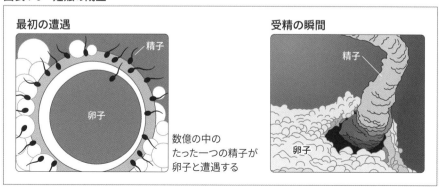
図表4-6　妊娠の成立

最初の遭遇

精子

卵子

数億の中の
たった一つの精子が
卵子と遭遇する

受精の瞬間

精子

卵子

図表4-7　妊娠の仕組み

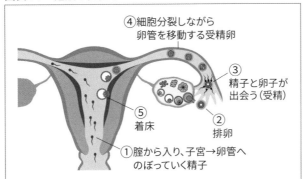

④細胞分裂しながら
卵管を移動する受精卵

③精子と卵子が
出会う（受精）

②排卵

⑤着床

①腟から入り、子宮→卵管へ
のぼっていく精子

図表4-8　「いのち」の誕生

4分割した受精卵

図表4-9　胎児の発育

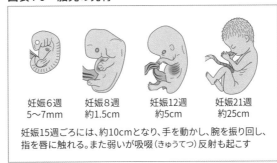

妊娠6週
5〜7mm

妊娠8週
約1.5cm

妊娠12週
約5cm

妊娠21週
約25cm

妊娠15週ごろには、約10cmとなり、手を動かし、腕を振り回し、
指を唇に触れる。また弱いが吸啜（きゅうてつ）反射も起こす

図表4-10　妊娠中の女性のからだ

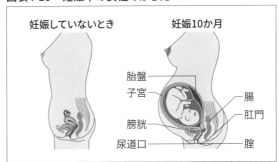

妊娠していないとき

妊娠10か月

胎盤
子宮
膀胱
尿道口

腸
肛門
腟

　こうして、最後の月経開始日から約280日（40週間）、精子と卵子の合体から約266日（38週間）を経て、「赤ちゃん誕生！」の感動の日を迎えます。お母さんも赤ちゃんも頑張りました。

赤ちゃん誕生！

二次性徴ってなに？

　女の子も、男の子も、赤ちゃんを授かることができるようになるためのからだと心の準備が必要となります。図表4-11、4-12のようなからだの変化は性ホルモンの働きによるもので、発育する部位にあらわれる特徴を言います。

図表4-11　女の子のからだの変化

- ●からだ全体が丸みをおびてくる
- ●乳房がふくらんでくる
- ●わきの下や性器のまわりに毛が生えてくる

●月経が始まる（初経）

図表4-12　男の子のからだの変化

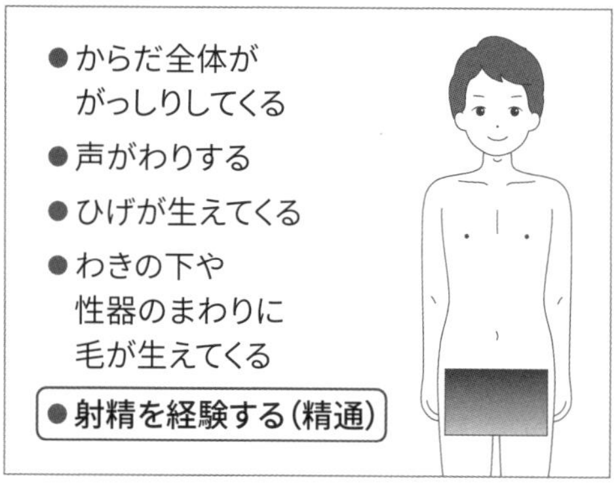

- ●からだ全体ががっしりしてくる
- ●声がわりする
- ●ひげが生えてくる
- ●わきの下や性器のまわりに毛が生えてくる

●射精を経験する（精通）

図表4-13　二次性徴ってなに？

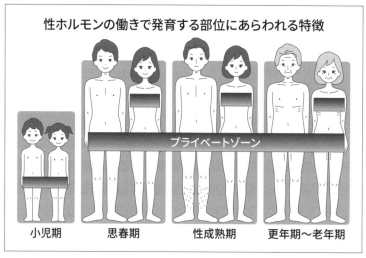

性ホルモンの働きで発育する部位にあらわれる特徴

プライベートゾーン

小児期　　思春期　　性成熟期　　更年期～老年期

プライベートゾーンの大切さ

　卵子と精子の合体からから始まる「赤ちゃん誕生」までの道筋を知りました。そこに至る大人になるための女の子、男の子のからだの違いや成長も理解していただけたと思います。

　そのなかで、子どもたちに知っておいてほしいことは、自分のからだと心の大切さです。それは同時に他の人のからだと心の大切さを理解することです。

　プライベートゾーンとは水着をつけたときに隠れる部分を言います。自分の意思に反して見せたり見せられたり、触ったり触られたりしてはいけない大切な部分だということを教えてください。

Q25 初経が来ないときには、まずどこを見ればいい?

A

からだの発育の状態を確認しましょう。

　さて、このPart 4の冒頭に出てきた「無月経」の女の子ですが、胸の発育や体型などはいかがでしょう。さすがに、保健室で下着を脱がせて見ることはできませんが、まずは本人に聞いてみるとよいと思います。

　「恥ずかしいことじゃないですよ、女の子として大切なことなのですよ。胸はふくらんでいますか？　下の毛は生えてきていますか？」

　遺伝的要素も関係するので、可能なら母親の初経年齢も聞いてみてください。そして、こうした思春期のからだの変化を認識してもらったうえで、産婦人科受診を促してください。

事例から

　「無月経」にはさまざまな疾患がありますが、まずは一般的に多いケースから紹介します。

　ある日、陸上部で活躍している高校２年生のアスリート女子が無月経のため、私のクリニックへ診察に訪れました。毎日10kmを走っているというその女の子は非常に痩せていて、思春期とは思えない体型をしていました。

　私が診察で行なったことは、まず乳房と性毛の視診です。これには先述したようにTanner分類（37ページの図表4-4参照）というⅠからⅤまでの発育段階のレベルがあって、思春期開始をⅡ、成人をⅤとしています。彼女は乳房がⅣ、性毛がⅢでした。

　そして本人の確認をとった後、内診台に上がってもらい、腟と外陰部を視診してから、経直腸的に超音波検査で子宮と卵巣を確認しました。そして採血で、下垂体ホルモンと女性ホルモンの血液検査を行ないました。

　検査結果はすべて異常なく、食事と睡眠をとること、体脂肪を増やすことを指導したところ、数か月後に自然に初経が来ました。

　具体的に伝えたのは、「３食以外におやつを摂る」ということです。このおやつは、スナック菓子ではなく、おにぎりやサンドイッチなどの炭水化物を勧めました。

　そして、なぜ月経が必要なのかを伝え、「女の子としての自覚」を再認識させたのです。「将来、好きな人ができて、その人との赤ちゃんが欲しくなったときにすぐに

できる体にしておこうよ（妊娠・出産ができること）」「女性として、元気で長生きしなくちゃ（骨粗しょう症リスクの低下と健康寿命を長くする）」の２つを伝えています。

アスリート女子の無月経については、Part 7（70ページ）で詳しくご紹介します。

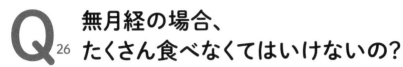

Q26 無月経の場合、たくさん食べなくてはいけないの?

A

月経は、体脂肪が大きな役目を持っています。
ダイエットは考えものです。

　女の子は小学校高学年になると、乳房（おっぱい）がふくらんできます。その頃になるとからだ全体に丸みを帯び、皮下脂肪がついてきます。

　月経が初来する内分泌のメカニズムに重要な役割を果たしているものに「体脂肪」があります。初経初来には「17%以上の体脂肪が必要」とされ、きちんと性周期が整うためには「22%以上」となっています。体重に当てはめると、およそ40〜42kgで月経が初来するとされています。

　脂肪細胞からは、女性のからだを守り、将来の妊娠・出産にとても重要な役割を果たす「性ホルモン」がつくられます。「性ホルモン」には、女性ホルモン（主にエストロゲン）と、男性ホルモン（主にテストステロン）がありますが、女性ホルモンは男性ホルモンからつくられており、女の子であっても男性ホルモンが巡っています。

　少し話が外れますが、思春期の子どもを悩ますニキビの原因の一つは男性ホルモンです。性ホルモンのレベルが急に高まることで、男性ホルモンが有意となってニキビができやすくなるのです。

　また、脂肪細胞から産生される「レプチン」も思春期の発来に大きく関与し、食欲と代謝の調節を行なうホルモンであることがわかっています。

　体型を気にし始める思春期に、ダイエットをしたくなるのはわかるのですが、将来妊娠・出産ができるからだをつくる時期だからこそ、本当は、ちょっとポッチャリがベスト。バランスのよい食事と睡眠がとても大切です。

**Q₂₇ 18歳までに
初経が来なかったら、
病気の場合もあるの？**

いろいろな可能性が考えられます。

「原発性無月経」（37ページの図表4-2参照）の疾患には、ホルモン異常や染色体異常、内・外性器異常などがあります。一例を紹介します。

性腺機能不全

クリニックに通院中の患者さんのなかには、16歳になっても月経が初来せず、ホルモン値に異常があり、子宮と卵巣が小さいためホルモン治療（カウフマン療法＝女性ホルモンであるエストロゲン〈卵胞ホルモン〉とプロゲステロン〈黄体ホルモン〉を周期的に投与する）を続けている方がいます。原因不明の性腺機能不全です。

Turner症候群

「Turner（ターナー）症候群」の患者さんもいます。Turner症候群は染色体異常が原因で、低身長や学習障害などさまざまな症状を伴い、第二次性徴が起こりません。彼女は、小学校低学年のとき低身長のため、かかりつけの小児科で染色体検査をして異常が見つかりました。2,000人に1人の割合とされ、頻度は低いものの、決して見逃してはいけない疾患です。早くからホルモン治療を行なっていたおかげで、現在の身長は通常とまったく変わりはありませんが、ホルモン治療は継続しています。

腟の形態異常

月経がないにもかかわらず毎月決まって腹痛を訴える女の子には、「見せかけの月経」で腟の形態異常による「腟・処女膜閉鎖」があります。これは、腟の出口がふさがっているため、月経血が腟外に出ることができず溜まって、痛みを生じるのです。非常に珍しい疾患ですが、内診ではじめて発見されます。

さらに、頻度は少ないものの、「子宮奇形」や、先天的に腟欠損が見られる「Rokitansky（ロキタンスキー）症候群」などがあります。

初経が早すぎるのは、問題があるの?

骨の成長がストップ。低身長の原因になります。

　「早発月経」は、約7割が原因不明とされていますが、ホルモンを過剰に発生させてしまう「ホルモン産生腫瘍」や、髄膜炎や脳炎といった炎症、外傷、頭の放射線治療後などが原因となることがあります。

　この早発月経で問題になるのは「身長が伸びなくなること」です。

　また、中身が子どもなのに見た目が大人びて見えるため、性被害などに巻き込まれてしまう可能性が懸念されます。

　小学校低学年で乳房が目立って大きく、性毛も生えてきて、低身長の女の子がいたら「早発月経」の可能性を疑ってください。この場合、産婦人科ではなく、小児科を受診させるように勧めてください。骨の成長が止まる前、つまり「月経が始まる前」の受診が大切です。

脳腫瘍

　小学4年生で脳腫瘍が見つかり、治療した患者さんがいます。彼女は3年生のときに、養護教諭が受診を勧めてくれて、この病気が見つかったそうです。知的レベルはやや低めですが、元気に学校生活を送っています。

遺伝だったケース

　「小学3年で生理が来た」と私のクリニックを受診した女の子は、母親が低身長でふくよかな外国人女性でした。二人が並ぶと瓜二つで、ホルモン検査の結果に異常なく、遺伝性と判断しました。

Q29 受診するのはどんな時？

A
「何かおかしいかも」と思ったら、
小児科か産婦人科を受診してください。

この項のまとめとして、お答えしましょう。

学校で子どもたちと接する機会の多い先生方には、思春期の女の子のからだの変化に目を配ってほしいと思います。

図表4-14のポイントを参考に「何かおかしいかも」と感じたときは、子どもの将来のためにも小児科や産婦人科の受診を勧めてください。たとえ「異常なし」の結果でもよいのです。

また、受診する際には、以下の図表4-15のような内容をメモしておくことをお勧めします。

胸の発育状態を確認することもあるため、脱ぎやすい服装で受診しましょう。「異常がなくてよかった」となれば、それに越したことはありません。医療機関とのつながりは、子どもにとっても良い影響となり"財産"になるからです。

図表4-14

無月経で受診を勧めるポイント
❶ 中学を卒業しても初経がない
❷ 月経がないのに毎月腹痛を訴える
❸ 小学校低学年で乳房発育、陰毛発育が目立つ
❹ 低身長で身長の伸びが緩慢

図表4-15

受診の際に伝えておくべき情報
• 身長・体重（1年間で何cmくらい伸びたかなど）
• 母親や姉妹の生理の状態について
• 服用している薬（アレルギー薬など）
• 生活習慣（部活動や運動の状況など）
• 妊娠経過や出生後の状況など（母子手帳持参も）

Part 4のまとめ
❶ 中学を卒業しても初経が来なかったら、婦人科を受診しよう
❷ 18歳までに初経が来なかったら、病気の場合もある
❸ ダイエットは禁物！

Part 5

どうしよう……。
私、妊娠したかも!

「先生、私、妊娠したかもしれない! 生理がこないの、どうしよう!」
長期休み明けや学期の変わり目に、女の子からこのような相談を受けてドキッとした経験はありませんか?
思春期の女の子の妊娠について考えていきましょう。

Q30 生理が安定しない思春期。でもそんなに簡単に妊娠するの?

A
思春期は性ホルモンが活発。
排卵し妊娠しやすい時期なのです。

　思春期の女の子はまだ月経周期が安定してないことも多く、試験勉強で寝不足になったり、風邪をひいて寝込んだりなど、ストレスがあると周期が乱れやすくなります。

　一方で、思春期を迎えた頃から男女とも性ホルモンの活動は活発となり、避妊せずに性行為をすれば、排卵し妊娠しやすい年頃ともいえます。

　ウサギやネコ、トラなどの動物は、交尾をすることで排卵(交尾排卵)し妊娠するといわれています。歴史を紐解けば私たち人間も、戦争など緊迫した環境下での高揚した精神状態で行なう性交で、月経後や月経前の排卵期から外れた時期でも、多くの女性が妊娠したという記録が残されています。私のクリニックでも不妊治療中の患者さんで、排卵期をまったく気にせず性交したところ、「自然にできた!」というケースも数多く経験しています。

　たとえば卒業式や修学旅行、部活の打ち上げや花火大会などのイベントで気分が高揚しているときに、避妊なしの性交をしたら、妊娠に至ってしまうこともあるのかもしれません。

Q31 同い年の女の子って、どのくらい経験しているのかしら？

A

経験率は近年、低下傾向にありますが……。

どのくらいの子どもたちが性交を始めているのでしょうか。高校生では、2005年の調査での女子で30.0%、男子で26.6%をピークに、2011年調査で女子で22.5%、男子で14.6%に減少し、2017年調査では女子は19.3%、男子は13.6%（2020年現在。図表5-1参照）と急降下したことが明らかになっています。

その理由としてさまざまなことが考えられますが、インターネットの普及や草食男子（絶食男子とも）の増加なども影響しており、近年、性的に活発な子どもたちとの二極化も指摘されています。

図表5-1　若者の性交経験率の推移

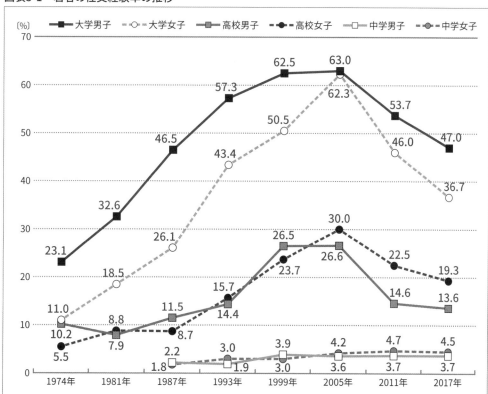

資料）「産科と婦人科」2018年12号

Q₃₂ 妊娠したかも……。
まずはどうしたらいい?

A
信頼できる人に相談をしましょう。
相談を受けたらじっくり話を聞きましょう。

　このPart 5の冒頭のような、妊娠を心配して相談に来た女の子には、ゆっくり時間をとって図表5-2のような話を聞いてあげてください。このような相談は、信頼している大人にしかできないものです。

図表5-2

妊娠の心配の相談を受けたら、聞いておきたいこと
❶ いつ性交があったか
❷ 避妊をしていたか（コンドームをしていたか）
❸ 相手は誰か
❹ レイプなど性被害に遭ってはいないか
❺ 最近の生理日と周期はどうか
❻ 腹痛や出血などはないか

同意のもとで、だったのですが……

まずは妊娠検査キットで検査。
その後必ず産婦人科を受診してください。

　相手がわかっていて、同意のもとで性交が行なわれた場合は、ドラッグストアでも取り扱っている市販の妊娠検査キットで、すぐに検査してください。尿をかけるだけで数分のうちに結果が出ます。

　注意していただきたいのは、このとき陰性であっても、必ずしも妊娠が否定されたわけではありません。後に妊娠が判明したり、異所性妊娠（子宮以外で妊娠が起こる状態。卵管膨大部に着床することが多く、不正出血や腹痛がみられる。受精卵が育ち卵管が破裂すると腹腔内に出血し、急性腹症として緊急手術になることもある）など異常妊娠の可能性もあります。これは若い女性の性感染症で最も多い「クラミジア」に起因することもあります。

　妊娠してないから大丈夫、などと安心して終わりにせず、必ず産婦人科受診を促してください。再び同じような事態に陥る確率も高いからです。性感染症の検査も含め、月経不順と今後の避妊に対し適切な検査や指導を行ない、低用量ピルなどの処方（Part 10のQ64参照）を受けることを勧めます。

　日本ではこれまで13歳になれば性的同意が認められ、暴行や脅迫ながなければ処罰の対象にはなりませんでした。2023年の刑法改正により、性的同意可能年齢が16歳に引き上げられ、15歳以下への性的行為はどのような形でも処罰の対象となりました。一方、年齢差5歳以内であれば、13歳から15歳の間でも処罰の対象ではないとされています。

Q34 性被害に遭ってしまったら、どうしたらいい?

A ワンストップ支援センターへ。泣き寝入りしてはいけません!

もしも、レイプなどの性被害に巻き込まれているケースなら、なるべく早く地域のワンストップ支援センターや思春期外来を扱っている産婦人科に問い合わせてください。

ワンストップ支援センターとは、性犯罪や性暴力の被害者に対し、警察への被害届の有無にかかわらず、一か所で適切な治療と支援を行なう場所です。設置場所は自治体ごとに指定されています。

具体的には、緊急避妊薬（避妊失敗時、72時間以内に服用すれば妊娠を避けられる薬）の処方や性感染症検査、警察への被害届の提出を促すとともに、被害者の心のケアなども行ないます。性被害に遭った女性の9割が、警察へ被害届を出していません。性被害は「魂の殺人」と言われるように、疑いのない犯罪行為です。性被害を受けたら、絶対に泣き寝入りしてはいけません。

詳しくはwebで、「ワンストップ支援センター」で検索を!!

内閣府男女共同参画局「性犯罪・性暴力被害者のためのワンストップ支援センター一覧」
https://www.gender.go.jp/policy/no_violence/seibouryoku/consult.html

＊「不同意性交罪」が2023年刑法において改正されました。

以下に列記するように、同意しない意思を形成・表明・全うするすることが困難な状態にしたり、同状態に乗じたりして性行為に及んだ場合も処罰の対象となりました。
①暴行または脅迫　②心身の障害　③アルコールまたは薬物の影響　④睡眠・意識不明瞭　⑤拒絶するいとまがない　⑥不意打ちによる恐怖・恐喝　⑦虐待に起因する心理的反応　⑧経済的または社会的な優越的な地位の利用

決して性行為の同意がなければ直ちに処罰になるわけではなく、あくまでも加害者の行為を基準にしながら、被害者の同意形成や表明の可能性を検討する形式となっています。

$_{35}$ 妊娠反応が陽性だった場合は?

#
速やかに受診を。中絶のリミットは6か月です！

　妊娠反応が陽性だった場合は、速やかに産婦人科を受診するようにしてください。

　ここで、皆さんに知っておいてほしいことは、妊娠期間の数え方です。ちなみに、人工妊娠中絶を希望した場合、母体保護法に則り、妊娠21週6日（妊娠6か月）までが中絶手術のできるタイムリミットであること、そして妊娠期間は意外に短いということです。

　たとえば、最終月経が卒業式シーズンの3月17日に始まり、その後性交があったとします。お盆が過ぎ9月になると、もう21週を迎えてしまうのです。

　特に思春期の女の子は、さまざまな要因で月経不順になりやすいのです。あっという間に人工妊娠中絶ができない時期を迎えてしまいます。そして、そのまま妊娠が継続されると、クリスマスには赤ちゃんが生まれてくるのです。

図表5-3　妊娠期間の数え方

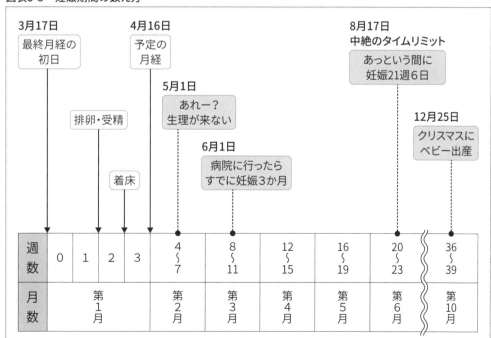

Q36 中絶手術ってどんなもの？費用はどのくらいかかるの？

A
人工的に胎児や胎盤を体外に出す手術です。費用は10万円〜だけど……

　当然のことながら、妊娠は女性の体に起こります。わが国において、人工妊娠中絶術は母体保護法に則って、経験を積んだ産婦人科指定医により安全に行なわれています。将来望んだときに「妊娠・出産」ができるようにする手術だからです。

　手術に際して、本人と配偶者の同意の署名が必要ですが、年齢の明記はありません。つまり規定上、未成年であっても自分の意思で中絶手術は可能です。しかし未成年の場合、多くの医療機関では保護者の同意を得てから行なっています。費用は妊娠初期で10万円位から、週数が進むにつれて費用も上がっていきます。妊娠4か月を過ぎると入院も必要となり、出産と同じくらいの費用がかかることもあります。

　できるならば中絶手術は受けてほしくはないけれど、大切なこととして「自分が将来幸せになるための選択肢であること」そして「繰り返さないこと」を、私はいつも性教育講演で伝えています。

図表5-4　人工妊娠中絶実施率（2021年度）

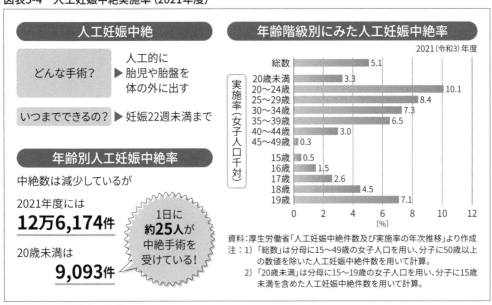

Q37 中絶できる飲み薬があると聞いたのだけれど……

A

日本でも許可されました。
しかし、服用には種々の制限があることを理解してください。

　手術を行なわず妊娠を終わらせることができる、飲む中絶薬が日本でも認可されました。服用ができるのは、妊娠初期から9週（3か月）までの正常妊娠に限られます。ミフェプリストンとミソプロストールという作用機序の違う2種類のお薬を時間差で服用すると、約24時間以内に起こる出血によって受精卵や胎児が排出されます。

　成功率は国内試験において93.3％と安全性は高いものの、大量の出血や腹痛で手術や入院が必要になるケースもあります。子宮外妊娠には適応がないため、あらかじめ母体保護法指定医のもとで正常妊娠である診断が必要です。さらに、服用後に子宮内に残存組織がないか、中絶が完了した確認を行なわなくてはなりません。

　飲む中絶薬の登場により、中絶法の選択肢が増えたことはよいと思いますが、望まない妊娠は未然に避けることが最も大切です。

Q38 「中絶したくない！」

A

よく考えて！　妊娠トラブルや、将来、貧困のリスクも……

　私のクリニックには10代で妊娠し、家族から反対されても産みたいという女の子が受診します。彼女たちの多くは涙ながらに、「いのちは大切」「中絶はしてはいけないと習った」「彼を愛しているから」「赤ちゃんがかわいそう」などと訴え、妊娠継続を希望するのです。

　20歳未満の妊娠・出産を「若年妊娠」と定義していますが、2022年の調査ではわずかな減少はみられるものの、全出生数の約1％を占めています。若くして赤ちゃんを産むことは、決して悪いことではありません。育児と学業、そしてキャリアも積んで頑張っている女性もたくさんいます。少子高齢化社会において、若いお母さんから元気な赤ちゃんが生まれることは、喜ばしいことです。

　しかし、若年妊娠・出産には、多くの弊害が生じます。からだが未発達であること、また性感染症や喫煙率の高さなどから、実際の臨床現場では、早産や胎盤早期剥離などの妊娠中のトラブルや異常分娩が多いのです。

　また、妊娠を周囲に相談できず社会的に孤立したり、養育環境が整わず休学を余儀なくされ学業が中断したりすることもあるかもしれません。低学歴、貧困、虐待、孤立という経過を辿る可能性もあります。

10代の妊娠・出産

もし今、あなたが
妊娠したら？

ひとりで
悩まないで！

学業

夢

経済力

赤ちゃんを
育てる

生活力

シングルマザーの子どもは、2人に1人が貧困

10代で結婚したカップルのうち約8割が「でき婚（授かり婚ともいう）」で、そのうち約80%が5年以内に離婚しているとされています。

シングルマザーになると、養育費を受け取っている人は4人に1人程度となり、厚労省国民生活基礎調査によると2021年の子どもの相対的貧困率は11.5%、一人世帯では44.5%と半数近くが貧困状態にあるという結果が出ています。

Column

中絶した子への対応、言葉がけ

中絶を経験したことで、心に深い傷を負い、重い十字架を背負ったような女の子をたくさん診てきました。

わが国で人工妊娠中絶は母体保護法に則って安全に行なわれており、女性が幸せになるための権利であると考えています。

「公園や町中で小さな子どもを見かけると、もしあの時産んでたらあれくらい大きくなってたかなーって、つい考えちゃうんです」と、明るい笑顔で話す患者さんがいました。中絶手術を受けたことは忘れられない記憶として残っているのです。私はそのような方には、「いまこうして幸せなんだから、あのときのあなたの選択は間違ってなかったね」と、決して忘れさせるのではなく、前向きにとらえるよう声掛けをしています。

今後、フランスや北欧諸国のように、女性が一人でも仕事をしながら安心して妊娠・出産ができる社会が実現できたらよいと考えています。

しかしいまのわが国の現状では、先生方は思春期の女子たちには、「赤ちゃんを育てるには、生活力と経済力が必要なこと」「いま赤ちゃんができたら、自分の夢をあきらめなくてはいけないかもしれないこと」をきちんと伝えてください。そして、「妊娠したいときに妊娠し、欲しい子どもの数だけ産めるからだでいてほしい」と指導してほしいのです。

妊娠の心配をして動揺している女の子がいたら、「赤ちゃんはとても大切だけど、小さくて弱いから決して一人では生きていけないね。何よりあなたが一番近くて守ってあげないといけないのよ。だからまず、あなたが一番幸せになる方法を考えなさい。最後は自分で決めるのよ」と、伝えてください。

先生方には、終始温かな言葉掛けを徹底し、たとえどんな状況にいても、常にその子に寄り添ってほしいのです。

Part 5のまとめ
❶ 性被害にあったらワンストップ支援センターへ
❷ 妊娠検査キットで陰性でも必ず受診を
❸ 人工妊娠中絶のリミットは妊娠6か月。
　　月経が安定していない思春期は、妊娠週数が進んでいることも
❹ 若年妊娠・出産にはさまざまなリスクがある
❺ 人工妊娠中絶は安全に行なわれ、女性の権利でもある

Part 6

生理が止まった！（前編）

「続発性無月経」について

「3か月以上生理が止まっているんです。大丈夫ですか？」

月経異常と違って、発達段階や生活背景を念頭において対処していくことが
必要です。単に身体面からだけでなく、先生方からの言葉がけなど精神的
アプローチも大切です。

本項では、思春期の女の子に多い「続発性無月経」について述べます。

Q₃₉ 正常な月経ってどんな状態?

正常な月経周期は25〜38日。
思春期は不安定になりがちです。

　まず月経についておさらいしましょう。

　月経周期とは、「月経の始まった初日から次の月経が始まる前までの期間」をいいます。「25〜38日」が正常とされ（図表6-1）、日本人の平均は28〜30日くらいです。ただし、この範囲内であっても、あまりバラツキがないほうがよいでしょう。

図表6-1　正常な月経の目安

初経年齢	平均12歳
月経周期日数	25〜38日
出血持続日数	3〜7日（平均5日間）
1周期の総経血量	20〜140ml
閉経年齢	45〜56歳（平均50.5歳）

心配な出来事がある場合や月経異常が3か月以上
つづくようなら、産婦人科医に相談しましょう

　月経がこの周期から外れた場合を「月経不順」といいます。初潮を迎えても、はじめの2年間くらいはまだ周期が安定しないことも多いのです。中学生で4割、高校生で2〜3割の女の子は不順ですが、高校を卒業するころには周期が安定していきます。

　特に思春期は、視床下部（間脳）—下垂体—卵巣のホルモンのはたらきが未発達なため、無排卵周期（排卵しない月経周期／図表6-2）の頻度も高く、いままであった月経が突然止まってしまう「続発性無月経」が起こりやすいのです。たとえば、ダイエットによる体重減少や、部活の練習などで激しい運動を続けたり、ちょっとしたストレスを受けたりしただけでも、月経が止まってしまうこともあるのです。

　ほかにも、月経が頻繁に来る（頻発月経）、月経が止まらなくなる（過長月経）ことも「月経不順」と定義します。この月経不順を放置すると、思春期の女の子は、いつ

図表6-2　月経周期って何の周期？——排卵し受精卵を受け入れる準備をしている

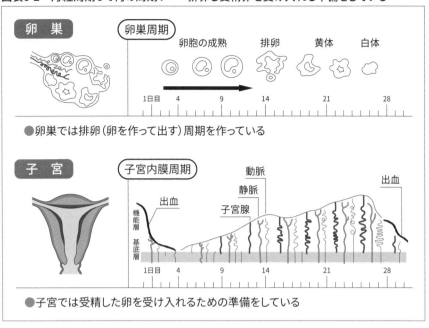

●卵巣では排卵（卵を作って出す）周期を作っている

●子宮では受精した卵を受け入れるための準備をしている

もナプキンを当てていないといけないストレスで気分が落ち込んだり、貧血になって日常生活に支障をきたしたりすることもあります。さらに予期せぬ妊娠をしてしまったり、将来の妊娠・出産に影響を及ぼしたりする可能性もあるかもしれません。

　このPart 6の冒頭の女の子のように、それまであった月経が3か月以上停止したものを「続発性無月経」といいます。私のクリニックを訪れる思春期の患者さんのなかで、最も多い受診理由がこの無月経です。日本産科婦人科学会の調査によると、その原因として「減食による体重減少」が44％を占め最も多く、その他に「ストレスや過度の運動」「多囊胞性卵巣症候群（PCOS）」（74ページのQ48参照）を挙げています。

Column

何の心当たりもないのに月経が止まった!?

　実際、思春期の女の子の場合、体重減少がなく、ストレスや過度の運動にも心当たりがないのに、月経が止まることがあります。

　「病は気から」というように、同じストレスを受けても、病気になる人とならない人がいます。ストレスの感じ方には個人差があり、どんな装置を使ってもその程度を測ることはできません。赤ちゃんだってお腹が空いたとき、暑いとき寒いときは機嫌が悪くなって泣きますよね。おそらく、赤ちゃんなりにストレスを感じています。

　無月経が続く場合、妊娠が理由でなければ、それは「無排卵」の状態ということです。「いまのあなたの体は、妊娠できる状態ではありませんよー！　まずあなたの体を大切にしてくださーい」という、体からのメッセージです。このような女の子には、「このまま放置すると女性ホルモンのはたらきが止まって、将来赤ちゃんが欲しくなったとき、すぐにできない体になったら大変だから、ちゃんといまから治そうね」と、月経の意味と大切さを伝えてあげてください。

Q₄₀ 保健室でできる 生理不順の生徒に対する 保健指導が知りたい

月経不順の状態をじっくり聴いてから、 早い段階で産婦人科受診をすすめてください。

　最後の生理から３か月以上経っている、月に２回（24日を開けずに来てしまう）、生理が８日以上続いている、１日で終わってしまうなども月経不順です。

　まず、「妊娠の可能性はないか」を聞いてみてください。いまではドラッグストアで妊娠検査薬が簡単に購入できます。妊娠反応が陰性であっても安心ではありません。

　食事をきちんと摂れているか、ダイエットをしていないか、体重減少（増加）はないかも確認してください。ストレスや悩みごとなどもじっくり聴取するようにお願いします。できれば早い段階で、産婦人科受診をすすめてください（図表6-3。93ページの資料２、94ページの資料３参照）。

図表6-3　月経異常──受診の判断基準と疾患

	正常な月経	異常な月経	考えられる原因
月経の量	●昼用ナプキンで1時間、夜用ナプキンで2時間替えず	●昼用ナプキンで1時間、夜用ナプキンで2時間もたない日が2日以上続く ●夜間、布団を汚す	●ホルモンバランス不良（卵巣機能不全） ●器質的疾患（子宮筋腫、子宮内膜症）
月経の持続期間	●3日〜7日間	●1日〜2日で終わる ●8日以上続く	
月経の周期	●25日〜38日	●24日以内 ●39日以上	●ホルモンバランス不良（卵巣機能不全） ●多囊胞性卵巣症候群（PCOS） ●体重減少性無月経

💊 生理痛はがまんする時代ではありません!

　月経周期が確立した思春期の女の子は、すでに「妊娠準備完了」なのです。私は講演で「月経は健康な女性の証」とも伝えています。月経が通常と違うのなら、対応が必要です。

　生理痛はがまんする時代ではありません。「月経困難症」が「子宮内膜症」に発展していく可能性があること、「赤ちゃんが欲しくなったらすぐに妊娠できるからだにしておく」ことを、いつも子どもたちに寄り添える先生方から伝えてほしいのです。

Q41 ダイエットしたら生理が止まった。どうして？

A

「体重減少性無月経」の状態。
放っておくと自然に戻らないこともあります。

　先生方のなかにも、思春期の頃、スタイルを気にしてダイエットをした経験がある方も多いのではないでしょうか？　ホルモン分泌が盛んになる思春期の女の子は皮下脂肪が増え、一時的に太りやすくなります。

　昭和のアイドルは、「ちょっとぽっちゃり」が可愛くて人気がありました。しかし、最近のアイドルやタレントはどうでしょう。スラリとして手足が長いスリムな方たちが多くなりましたね。同世代のアイドルに憧れて、急激なダイエットから無月経になることもあるのです。

🌓 3か月以内に10kg（例：50kg→40kg）の減少があると要注意！

　思春期に急激なダイエットで体重が減ると、多くが無月経になります。

　特に「3か月以内に体重の30％の減少」があると、ほぼ確実に月経が止まります。50kgの女の子の場合、40kgを切ると要注意です。

　そのまま体重を戻さずに、痩せの状態で「8か月以上放置」すると、自然に月経が戻らなくなります。さらに「1年以上無月経を放置」すると、ホルモン治療をしないと月経が起こらなくなります（図表6-4）。

図表6-4　無月経を放置するリスク

生理が止まった状態でいると……
● 3か月以内に30％以上の体重減少で確実に生理がストップ
● 8か月以上続くと自然に戻らないことも
● 1年以上放置すると治療が困難に
● 治療をしないと、将来不妊や骨粗しょう症になることも！

その機序は、自律神経の中枢である視床下部から性腺刺激ホルモン放出ホルモン（GnRH）が出なくなることによります（図表6-5）。つまり、心臓を動かしたり、呼吸をしたり、腸を動かしたりという「生命維持の司令塔」である視床下部が長い間「低栄養状態」にあると、差し当たって「次世代に子孫を残す」という生殖能力を切り捨てて、からだを守るために必要最低限の「省エネ（ルギー）状態」になるのです。

図表6-5　脳がホルモンを出す司令を出している

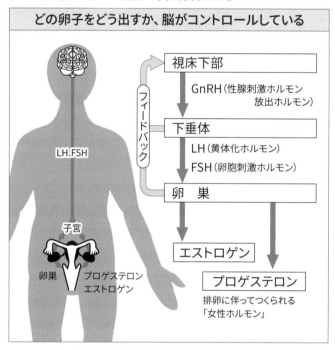

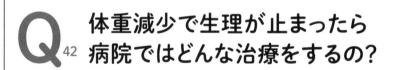

 Q42 体重減少で生理が止まったら病院ではどんな治療をするの?

A 検査をした後、食事指導やホルモン治療を開始します。

　私のクリニックでも、前述のような「省エネ（ルギー）状態」になった思春期の患者さんが多く受診されます。まず血液検査で、下垂体ホルモンと女性ホルモン値、貧血の有無を調べます。そして超音波検査で子宮、卵巣の状態を確認します。多くは女性ホルモン値が低下し、小さな子宮と卵巣を認めます。

　そこで、外来ではまず、摂取カロリーを上げるよう食事指導を行ないます。体重が極端に少ない場合を除いてはホルモン治療を開始します。エストロゲンとプロゲステロンを投与し、月経を起こしていきます。食事などの生活習慣を改善し、治療開始が早ければ、半年程度の治療で治るケースもあります。

　しかし、ホルモン治療を止めるとまた無月経に戻ってしまうことも実は多いのです。一方で、素敵な恋をしたり、環境が変わったりなど、何かのきっかけで女性ホルモンが巡ってくる可能性もあります。

　私のクリニックで、思春期から断続的に10年以上ホルモン治療を続けてきた無月経の患者さんが婚約が決まり、「薬を飲まなかったら生理がこない」と数か月振りに受診されました。診察したところ、何と！赤ちゃんが宿っていたではありませんか！このようなケースだってあるので、決して悲観的に捉える必要はありません。早めの受診に加え、生活習慣の改善と治療の必要性をきちんと伝えてほしいのです。いまでは、妊娠を希望していなければ、OC（低用量ピル）で月経をコントロールできます。

　「将来、赤ちゃんが欲しいと思ったときに、このままでは自然にはできないよ。いつか赤ちゃんが欲しいよね？　そうしたら、これからお薬を使って毎月きちんと生理を起こしていこうね」。

　省エネ状態になった"司令塔"の話からこのように説明すると、泣かそうと意図しているわけではないのに、目にいっぱい涙を溜める女の子がほとんどです。

●摂食障害は産婦人科と精神科医が連携して取り組みます

　一方、体重減少の著しい高度の痩せであるにもかかわらず一見元気で、痩せの自覚のない「摂食障害」があります。過食や嘔吐などの食生活の異常もある神経性無月経は、「母親との確執」も一因といわれるように環境因子や遺伝因子もあることから治療が難しく、産婦人科医と精神科医が連携して時間をかけて診ていく必要があります。

　Part 1でも述べましたが、養護教諭が医療機関への橋渡しをしていただけると、スムーズな受診につながります。できるだけ早く受診を促してください。

　この場合、月経を起こすことより、まずは「心のケア」が優先になります。ただ、生徒に受診を勧める際に、精神科のハードルが高ければ、「無月経」を主訴に産婦人科の受診を勧めてもよいと思います。そのときは、できれば、思春期外来やカウンセリングを掲げている産婦人科を選びましょう。

Q43 痩せていることで ほかにも影響がある?

A
不妊リスクや出生時体重の低下、
赤ちゃんの将来にかかわる病気もあります。

　近年、日本人の若年女性の痩せ志向は顕著であり、2019年の厚生労働省の国民健康栄養調査では、20代女性の20.7%が痩せ(BMI*18.5以下)という結果でした。

　この飽食時代にもかかわらず、約5人に1人が痩せであり、摂取カロリーが終戦直後の女性より低いことも明らかにされました。極度に痩せた女性は無月経になりやすく、そのため妊娠もしにくくなります。

　いまや、不妊を心配したことがあるカップルはカップル全体の約2.6組に1組の割合にあります。また、不妊の検査や治療を受けたことがある(または現在受けている)カップルは22.7%で、カップル全体の約4.4組に1組の割合にあり、わが国は「不妊大国」ともいわれている状況です。また、日本の赤ちゃんの出生体重も減少傾向にあり、2,500g未満の低出生体重児の割合は、2019年には9.4%と先進国としては高い割合を占めていました。

　さらに、痩せのお母さんから産まれた赤ちゃんは、将来メタボリック症候群になる可能性が高いという「生活習慣病胎児期発症起源説(バーカー説)」も明らかになり、女性の痩せは、不妊リスクや、次世代への影響を及ぼすこともわかってきました。そのため、思春期から食生活の指導や月経の意味を伝えることはとても大切です。

＊BMI：Body Mass Index／ボディ・マス指数／体格指数
肥満や低体重(やせ)の判定に用いる値で、〈体重(kg) ÷ [身長(m)の2乗]〉で算出する(身長はcmではなくmmで計算)。日本肥満学会の定めた基準では18.5未満が「低体重(やせ)」、18.5以上25未満が「普通体重」、25以上が「肥満」に分類される。BMIが22になるときの体重が標準体重で、最も病気になりにくい状態であるとされている。

Column

スルーしないで！　思春期の頭痛

「頭痛がする度に痛み止めを飲んで過ごしています」「生理中はお腹以外に頭も痛くて、学校を休むことも」「生理前はイライラして気分が落ち込むこともあるし、頭痛があって」

私の外来でも思春期の女の子から「頭痛」のワードはよく耳にします。「頭痛は普通にあるもの。病気ではない」という認識を持ち多くの女の子たちは、つらい頭痛を我慢したり、鎮痛剤でやり過ごしているようです。

思春期に起こる頭痛の多くは「片頭痛」と「緊張型頭痛」で、男子に比べ女子のほうがホルモンの影響で2〜3倍起こりやすいとされています。

片頭痛は、頭の血管を取り巻く三叉神経の刺激により、血管の拍動を痛みとして感じることで起こるとされています。必ずしも片方だけでなくズキンズキンと痛み、動くとつらい、吐き気や嘔吐してしまう、光や音に敏感になることも特徴です。

一方、緊張型頭痛は、さまざまなストレスや長時間のスマホなどで首や肩の筋肉が緊張し血流が悪くなることが要因と考えられています。

鉢巻で頭をギューッと締め付けられたような痛みと表現されることが多く、動いても痛みは変わらず、吐き気は伴わないものとされています。

さらに、頭痛薬を飲み過ぎることによって起こる頭痛（薬物乱用性頭痛）もあります。1か月に10日以上頭痛薬を飲むようであれば要注意です。

治療法として、女性ホルモンの変動を抑えるホルモン剤が有効なこともありますが、まれにピル服用中の血栓症リスクもあります。生活習慣上のアドバイスとして、頭痛を起こしやすい食品とされる、チョコレートやチーズ、赤ワイン、ソーセージやハムなどの摂りすぎは避けましょう。また長時間のスマホは止めて、しっかり栄養を摂って十分な睡眠を心がけましょう。今はつらい片頭痛には、新しい予防薬があります。

頭痛には命に関わる恐れがある病気が隠れていることもあります。思春期女子にはまれですが、突然の激しい頭痛や発熱や手足の麻痺やしびれ、どんどんひどくなる頭痛があるときは速やかに頭痛専門外来（脳神経内科・外科）を受診しましょう。

Part 6のまとめ
受診をすすめるポイント

1 最後の月経から3か月が過ぎている

2 急激な体重減少を認める

3 極度の痩せで、食行動の異常

4 強い頭痛や寝込む頭痛は、頭痛専門外来へ

資料1　保健指導資料「月経（生理）痛の悩みを解決！」

保健指導資料

○○市立○○学校　保健室

月経（生理）痛の悩みを解決！

　女の子のからだはとてもデリケートです。ストレスや食事、ダイエット、体重の変化、生活習慣などで
ホルモンのバランスがくずれ、生理のトラブルをまねくことがあります。

　普段の生活を見直して生理痛を少しでも改善しましょう。生活習慣はとても大切です。

① ストレスケア	② 体を冷やさない
心も体も休めることが大切です。音楽鑑賞やアロマや軽いストレッチなどでもストレス発散になります。	体が冷えると血行が悪くなり痛みを悪化させます。カイロ、入浴などで温めます。ミニスカートは厳禁！
③ バランスの良い食事	④ 軽い運動
日頃から鉄分の補給を心がけ、むくみの原因となる塩分や水分、神経を過敏にするカフェインは控えます。	ストレッチや体操などの軽い運動を行なうことでホルモンのバランスが整い、足腰の血行がよくなります。
⑤ 睡眠を十分にとる	⑥ 自分の体のリズムを知る
体と心の調子を整えるには睡眠は大切です。	自分のリズムを知ることが大切です。痛みの時期がわかれば、前もって鎮痛剤を飲むこともできますし、イライラの時期がわかればストレッチやアロマでリラックスすることもできます。

月経トラブルチェックリスト

□　生理痛がひどく、学校を休むなど日常生活にも支障がある

□　生理の時、鎮痛薬がいつも必要になる

□　市販の薬が効かない

□　生理痛の痛みが増えている

□　生理痛で起きられないことがある

□　生理の時以外にも、下腹部痛や腰に痛みがある

□　生理の出血が多い
　　＊昼でも夜用のナプキンを使う日が3日以上ある
　　＊普通のナプキン1枚では、1時間ももたない
　　＊経血にレバーのような大きなかたまりが混じっている
　　＊以前より経血量が増え、日数も長くなった

□　生理の時、血のかたまりが出る

□　生理の期間が長い（8日以上）

□　生理ではない時に出血がある

> 1つでも
> 症状があれば婦人科を
> 受診しましょう。

宇田川和子作成

Part 7

生理が止まった！（後編）

「運動性無月経」と「多嚢胞性卵巣症候群（PCOS）」について

Part 6の思春期の女の子に多い「続発性無月経」に続いて、本項では、激しい
トレーニングなどによる「運動性無月経」と、排卵しにくい体質「多嚢胞性卵巣
症候群（PCOS）」について、みていきます。

Q₄₄ スポーツの練習のしすぎで生理が止まった。生理がないと、楽だけど……

A
放っておいてはだめ。さまざまな弊害が出てきます。

　いろいろなスポーツで女性アスリートの活躍が期待される時代となりました。しかし、選手として伸び盛りを迎える思春期の女の子たちのトレーニングのあり方に、近年専門家が警鐘を鳴らしているのをご存知でしょうか。

　国立スポーツ科学センターの調査によれば、約4割の女性アスリートが正常な月経周期でないことがわかりました。

　無月経のリスク因子として、低いBMI*（18.5以下）と練習量の多さが挙げられています。激しいトレーニングを続け、十分な食事や睡眠の管理ができないと無月経となり、女性ホルモンの低下から骨粗しょう症のリスクが上がります（図表7-1）。

　*痩せていること、美しいことを求められる競技（器械体操・新体操・マラソンなど）に多い傾向

図表7-1　女性アスリートの3主徴（Female Athlete Tried）

利用可能
エネルギー不足

視床下部性
無月経

低骨量
（骨粗しょう症）

　この3つの徴候は身体的、心理的に密接に関係しており、アスリートに限らず、学校の部活動でも同じ状況になることがあります。

　最近、「無月経」で私のクリニックを訪れた患者さんは、中学・高校の部活で中距離マラソンやテニス、ダンスチームで一所懸命取り組んでいる女の子たちでした。本人は「月経がないと楽だけど」とのんびり構えていましたが、母親や養護教諭の勧めもあって受診されました。無月経の状態が長く続くと自然に月経が起こらなくなり、将来不妊症になるリスクも高くなることは、以前にも述べました。今後、20代でピークを迎える骨密度（骨塩量）の低下により、ケガや疲労骨折で日常生活に支障がでてくることも考えられます（図表7-2）。本人との話し合いのうえ、ホルモン療法（黄体ホルモンやピル〈OC〉）を開始しました。

図表7-2　無月経で女性ホルモンが低下すると……

骨はいつも作られ、壊されている

骨の新陳代謝

女性ホルモンが低下

骨芽細胞が働かなくなり
骨がもろくなる

破骨細胞
骨を壊す

Ca

Ca Ca

骨芽細胞
骨を作る

女性ホルモン（エストロゲン）は破骨細胞を抑え、骨芽細胞の働きを高める

Q45 部活で無月経にならないためには、どうしたらいい？

A 運動量を抑えることに加え、「ちょこっと食い」もオススメします。

　女性アスリートの３主徴を防ぐには、「運動量と摂取カロリーのバランスを整えること」が基本です。無月経が続き体重減少が著しく、体力の消耗が激しい場合は、運動量を抑えることが重要です。また、カロリー摂取量を上げるには「間食」が有効です。

　このような女の子たちには、三食以外に「ちょこっと食い」を勧めています。小さなおにぎりやサンドイッチなどを、休憩時間に口にしてもらいます。この「毎日の摂取カロリーを上げる」という小さな積み重ねで体重も体力もアップし、自然に月経が起こるようになった女の子もいます。

ピル（OC）でコントロールしている人も

　月経周期は低用量ピル（OC）でコントロールできます（なお、月経困難症がある場合はLEP製剤の服用を勧めます）。試合や大切な日に月経を当たらなくしたり月経痛を楽にしたりするだけでなく、月経量を減らすことで貧血の改善もできます。このピルはドーピングには該当しません。以前から海外の女性アスリート選手はピルを上手に使い、パフォーマンスを上げてきました。一方で、日本人はホルモン剤に対する認識の低さや副作用の心配から、いまだ服用している女性が少ないのが現状です。

Q46 修学旅行や試験に月経が当たります。
月経調整について教えてほしい

A

生理周期が安定していれば、
予定生理の5日前からピルを服用すると
生理の時期を後ろにずらせます。
生理の5日以内からピルを2週間服用すれば、
早めに生理を起こせます。

　1回だけの移動であれば、予定の生理の5日前から中用量ピル、もしくは吐き気や血栓症リスクの低い黄体ホルモンの服用を続けると生理は起こりません。服用中止後2〜4日程度で生理が来ます。

　また、生理開始の5日以内からピルを2週間程度服用し、そこで中止すれば、早めに生理を起こすことができます。思春期の女の子は月経不順になることも多く、ずらしたい日も服用しなければなりません。確実なのは前者のほうです。まだからだが成熟過程にある思春期の女の子は、月経が終わってもストレスや環境の変化で無排卵となり、大切な日に出血が起こる可能性だってあるのです。

　また、定期テストや私立、さらに国公立の一次、二次試験などと試験日が複数あるいは長期間にわたってあることが事前にわかっている場合は、低用量ピル（OC）で調整するほうが、メリットがあります。

　いずれのピルも個人差はありますが、飲み始めのころは一時的に、食欲不振や嘔気、むくみ、胸の張りなどを感じることもあります。服用を継続していくうちに多くが軽減しますが、大切な受験日などに万全な体調で臨むためには、できれば3か月前からの服用開始をおすすめします。

　安全で副作用の少ないホルモン製剤が数多く手に取れる時代になったいま、産婦人科医としてこれから未来を担う女の子たちには、「生理日が当たったから本領を発揮できなかった」「経血が気になり集中できなくて失敗した」とはさせたくありませんね。

**ピル（OC）って怖くない？
できれば飲みたくないのだけれど**

A
妊娠の予行練習。服用中止後は排卵しやすくなります。

　診療現場や講演会で私がよく話すことは、サッカーの澤穂希(さわほまれ)選手のエピソードです。アメリカの女子サッカーチームでは一般的なことで、彼女はチームドクターのすすめで30歳から7年間OC（低用量ピル）を服用してきたそうです。そして試合日に月経が当たらないよう調節し、自身のパフォーマンスを上げて日本チームをけん引しました。そして結婚後希望どおりに妊娠され、いまはお母さんになっています。

　月経周期による体調の変化が、アスリート女子のパフォーマンスに影響を及ぼすこともわかっています（図表7-3）。

　調査によれば、月経中は痛みや経血が原因で、月経前にはむくみやイライラなどのPMS（月経前症候群）の症状で、パフォーマンスが低下しやすくなることも指摘されています（PMSについては87ページのPart 9で詳しく説明します）。男性と違い、女性はホルモンの変動が競技に大きく影響するのです。

　OCはこのホルモンの変動を抑えることができる、ドーピングには当たらない唯一のお薬です。もちろん避妊薬としての効果もありますが、服用中止後は9割が3か月以内に排卵し妊娠しやすくなることもわかっています。

図表7-3　月経周期による体調の変化

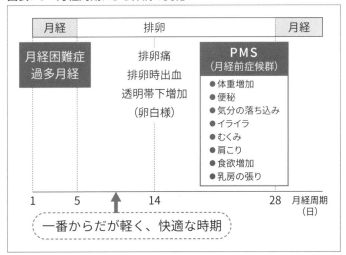

OCには微量の女性ホルモンの黄体ホルモンが含まれており、服用中は排卵がお休みし、視床下部・下垂体・卵巣のはたらきが休眠モードになります。ある意味「赤ちゃんはいないけれど妊娠と同じような状態」となり、「妊娠の予行練習」となるのです。そのため、よく耳にする「飲み始めの時期の吐き気や頭痛」等の症状は「つわり」と同じで、数週間もすれば多くは軽快していくのです。

私は、すべての女子生徒さんにOCを勧めているわけではありません。ここでは、先生方にOCのメカニズムとメリットを知っていただき、必要なときに適切な指導を行なってほしいのです。

 病気で生理が止まることもあるの?

多囊胞性卵巣症候群（PCOS）も多いです。

続発性無月経の「体重減少性無月経」や、激しい運動などによる「運動性無月経」に次いで多いものとして、「多囊胞性卵巣症候群（PCOS : polycystic ovarian syndrome）」があります（図表7-4）。20人に1人くらいの割合でみられ、思春期のころから月経不順や無月経がみられます。遺伝性もあるといわれ、体質的にメタボリック症候群との関連が深いのも特徴です。

月経不順で受診した女の子で、超音波検査で卵巣に小さな卵胞が多数存在すれば、ほぼPCOSと考えます。さらにホルモン検査で、下垂体ホルモンであるLH（黄体形成ホルモン）の値が高く、LH／FSH（卵胞刺激ホルモン）比が1.5を超えていれば、PCOSと診断できます。

本人にこのPCOSだということを告げると、多くの女の子はショックを受け泣き出しそうになります。そういった場面ではこう説明しています。

「このPCOSは、実は女子力が強いんですよ。理由は、女性ホルモンの原料である男性ホルモンもやや高めで、たくさんの卵があるから。女優さんのなかでもPCOSの人は多くて、魅力的なのよ。でも体質的に、卵巣の壁が厚くて排卵しづらい。だから、赤ちゃんが欲しくなったときは、もしかしたら排卵誘発剤などの不妊治療が必要になることもあるかもしれない。けれど、妊娠はできるからね」。

また、妊娠のもっと先のことについても触れ、「女性ホルモンが低下する更年期が

図表7-4　多嚢胞性卵巣症候群（PCOS）とは？

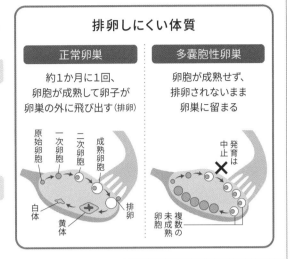

○生殖年齢女性の5〜8％に発症
（母親が多嚢胞性卵巣症候群〈PCOS〉だと35％）

特徴

- 月経不順
- 男性化（多毛・にきび）
- 肥満
- 子宮体がん・卵巣がんリスク↑
- 耐糖能異常に関与（インスリン抵抗性）

生活習慣病の発症リスクが高い

➡約半数がメタボリックシンドローム
➡45％に心血管疾患のリスク
➡41％に非アルコール性脂肪肝

排卵しにくい体質

正常卵巣　　　　　　多嚢胞性卵巣

約1か月に1回、卵胞が成熟して卵子が卵巣の外に飛び出す（排卵）　　卵胞が成熟せず、排卵されないまま卵巣に留まる

近づくと治っていきますよ。でも、高血圧、糖尿病、高脂血症などのメタボリックシンドロームになりやすい体質だということも覚えておいてくださいね！　さらにこのまま生理不順が続くと、卵巣がんや子宮体がんにも注意が必要となります。だから、いまは生理を整えていきましょうね」と伝えています。

　産科婦人科学会では、PCOSに対して黄体ホルモン投与（ホルムストローム法。79ページのQ50参照）とともに、思春期からのOC（低用量ピル）服用も推奨しています。さらに、食事（塩分を控える、バランスのよい食事）や適度な運動などの生活指導に加え、体重のコントロール（痩せすぎない・太りすぎない）も私は強調しています。
　月経は「排卵し、妊娠が成立しなかった結果」で起こります。妊娠には「排卵」が不可欠ですが、まだ妊娠を希望していない思春期の女の子には、排卵があることではなく、月経をコントロールして「将来の妊娠、出産の準備をすること」が大切です。先生方には、この月経の意味を子どもたちにきちんと伝えてほしいです。

Part 7のまとめ
受診をすすめるポイント
❶ 最後の月経から3か月が過ぎている
❷ 急激な体重減少を認める
❸ 月経周期が3週間を切る

Part 8

生理が多い?
「頻発月経」「過長月経」「過多月経」について

「先生、生理が今月3回も来たの!」
「ずっと生理が止まらなくて、ナプキンが外せない」
「いつも心配でナイト用を使っているの」
女の子たちからこのような相談を受けられる先生もいらっしゃることでしょう。
月経異常のなかで、無月経の次に多い「頻発月経」と「過長月経」「過多月経」
について話を進めていきましょう。

Q49 ひと月に生理が何回も来るのだけれども……

A 生活習慣を改善すれば自然に治ることがほとんどです。

　月経の定義は「子宮内膜からの周期的な出血」です（Part 6参照）。

　正常な月経周期は25〜38日ですが、この範囲より短くなってしまうことを「頻発月経」といいます。性ホルモンを分泌する能力が未成熟な思春期の女の子にはよく起こる現象です。その多くは、無排卵の結果で起こる「消退出血」です。

　生活習慣の改善として「しっかりご飯を食べてよく寝る」ようにすれば、自然に治ることがほとんどです。保健室にこういった女の子が来室した際も、受診を勧める前にまずはそのように指導をしても良いと思います。

　しかし、貧血を疑う症状を認めたり、長期間ナプキンをあてることから起こる「外陰部のかゆみ」などのトラブルを生じていたら治療が必要です。

Q50 頻発月経の治療は?

A 黄体ホルモンの投与やピルの服用で多くは改善します。

　ある日、高校３年生の女の子が「頻発月経」で母親に連れられて受診しました。「先生、この子は受験生なんですけど、しょっちゅう生理が来るみたいなんです。（娘に向かって）ねっ?　そうでしょ?　私も生理がバラバラで診てもらいたかったから、ようやく一緒に連れて来ました。この子、朝起きられないから、貧血もあるんじゃないかしらー」という調子でやや過干渉気味の母親と、ずっと下を向いて黙っている女の子。診療現場でよく遭遇する場面です。

　このような場合、まず女の子の診察から行なっていきます。「お母さんは、ちょっと席を外していただけますか?」。

　私はじっくり女の子と向き合って問診していきます。実は、高校生といえども、母親に知られたくない「からだの悩みや秘密」もあるからです。生活リズムや恋愛話、志望校や将来の夢まで聞いていくこともあります。

　そして、本人の了解を得てから内診と血液検査をし、貧血の有無を調べます。思春期の「頻発月経」で重症の貧血が認められるケースは、更年期の女性と違って頻度は高くはありません。思春期は、子宮筋腫や子宮内膜症、ポリープなどの器質性疾患が少ないからです。成長ホルモンが出ている思春期の子どもたちは、朝はいつも眠いことでしょう。貧血のせいではないのです。

　月経の周期は、卵胞ホルモン（エストロゲン）と黄体ホルモン（プロゲステロン）が、一定の期間で交互に増えたり減ったりすることで保たれています。そのバランスが崩れると周期が乱れます。

　「頻発月経」の治療法としては、「黄体ホルモンの投与（ホルムストローム法*）」や「低用量ピル（OC*）」があります。

　　＊「ホルムストローム法」「OC」
　　ホルムストローム法とは、月経16日目から7〜10日間、黄体ホルモン（排卵後に分泌されるホルモン）を服用し、月経周期を整える方法です。服用後2〜4日程度で月経様の出血が認められます。基本的にエストロゲンがある程度分泌されていることが条件で、避妊効果はありません。
　　一方、OC（ピル）はエストロゲンとプロゲステロンの両方が含まれ、排卵をお休みさせる避妊効果があります。月経血の量が減少し、月経日をコントロールすることもできます。

　彼女も黄体ホルモン服用による「ホルムストローム法」を3か月間行ない、月経周期を基礎体温で記録し、生活習慣の改善（3食バランスのよい食事・睡眠をとる）を実行したところ、月経は正常に戻りました。

　その後、恋人ができて避妊希望があり、「低用量ピル（OC）」に切り替えていきました。おつきあい間もない同級生の彼とは、いつもコンドームを使用し、「ダブルスタンダード（OCとコンドーム）」で「妊娠と性感染症」をきちんと防いでいます。

　「女性として自信と誇りを持つこと」「自分のからだは自分で守ること」という私のアドバイスをきちんと理解し、実行してくれた大切な患者さんです。彼女ならきっと志望校に合格し、夢を実現する日も近いと確信しています。

　ちなみに、彼女の43歳の母親も「低用量ピル（OC）」で月経状態は改善しています。私のクリニックでは、このように、親子でピルを服用している患者さんも多いのです。

Q51 「生理が終わらない」「外陰部がかゆい」のだけれど……

A
長期間のナプキン使用による外陰トラブルに気をつけて!

　中学3年生の女の子は「外陰部のかゆみ」で受診しました。問診では、1か月前からずっと少量の出血が続きナプキンをつけているとのこと。いわゆる「過長月経」（月経の日数が8日を超えた状態）から「外陰炎」を起こしていました。

　このように長く続く出血も「思春期の機能性子宮出血（器質的な病気はないのに子宮内膜から出血すること）」で、原因はホルモンバランスの乱れによって、子宮内膜が厚くなれず出血する「無排卵による破綻出血」です。サルのお尻のごとく真っ赤になった外陰部は、いかにもかゆそうでした。

　最近のナプキンは多くが塩化ポリマーを含み、経血のキャッチ力が高まり、表面がサラサラで高性能になりました。しかし、ナプキンの進化に伴い、直接肌に触れる「デリケートゾーンのトラブル」は増えているように感じます。長びく月経がこのようなトラブルを起こしやすくします。

　また、「蒸し暑い季節」や「体調の変化」も増悪因子としてあったかもしれません。ぜんそくや花粉症、食物アレルギーを持つ子どもたちも増えています。普段何気なく吸っている空気や口にしている食べ物、肌に直接触れる繊維や、洗剤や柔軟剤などさまざまなものに、年齢を問わずアレルギー反応を起こしやすくなっているように感じます。

　治療は、まず黄体ホルモン剤投与で出血を止めました。そして、外陰部の培養検査を行ない、少量の「ステロイド軟こう」を処方したところ、かゆみは数日で改善しました。その後は「低用量ピル（OC）」で月経リズムを整えています。さらに、ナプキンの種類の変更やタンポンの併用もアドバイスしたところ、いまでは快適な毎日を過ごしているようです。

Q52 タンポンって怖くない?

A
正しく装着すれば快適。
ただし、抜き忘れには注意してください。

　「性交経験のない思春期の女の子にタンポンは使えるのか」との質問をよく受けることがあります。タンポンが腟内の正しい位置に挿入されれば、痛みや違和感なく、お風呂や水泳などのスポーツも月経を気にせず過ごせるようになるでしょう（図表8-1）。初心者向けの小さなサイズも発売されていますので、コツをつかめば思春期の女の子でも使用できます。

　唯一、気をつける点は「抜き忘れに注意すること」。

　長期間入れっ放しにしたタンポンに感染が起こると、においの強いイヤなおりものになります。また、非常にまれではありますが、黄色ブドウ球菌が増殖して毒素を出し、高熱、発疹・発赤、倦怠感、消化器症状などを起こす「トキシック・ショック症候群（TSS）」につながったケースも海外で報告されています。

　また最近では、第3の生理用品として、腟内に挿入するシリコン製の「月経カップ」も発売されています。最長12時間、腟内で経血を溜めておくことができ、適宜カップを抜いて経血を捨て再挿入します。「衛生的に大丈夫?」という質問もいただきますが、腟内は無菌ではないので基本的に問題はありません。思春期の女の子でも、抜き忘れさえなければタンポンや月経カップでTSS発症の心配はないでしょう。上手に使って快適に過ごしてほしいと思います。

図表8-1　タンポンって怖くない?

生理用タンポンを使ってみるのも一案

- 息を吐きながら
- 肛門の方向に
- 斜め後ろ60度くらいを意識して

子宮
腟
無感覚ゾーン
生理用タンポン
違和感ゾーン

正しい位置に入れれば痛くないよ

ただし、抜き忘れには注意!

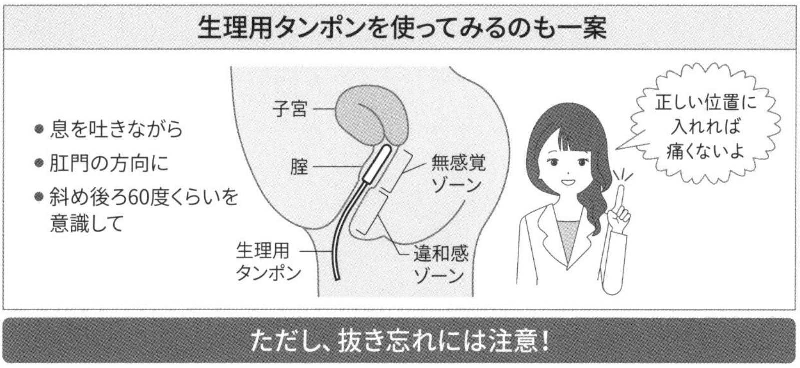

経血の量ってどのくらいが普通?

昼用ナプキンが1時間、夜用が2時間でいっぱいになる日が2日以上の場合は過多月経。

　経血の量は他人と比べられず、自分の量が普通だと思っている女性は多いのではないでしょうか。定義として経血の量が異常に多い状態（1回の生理期間の出血量が150ml以上。この場合の経血とは粘液などを除いた場合です）を「過多月経」といいます。「いつもナイト用を使っている」女の子も外来で散見されます。

　ここで、月経量を把握する簡単な指標として、ナプキン交換の目安を示します。

　「昼用が1時間、ナイト用が2時間でいっぱいになってしまう日が2日以上」あれば、「過多月経」と判断します。

　他にも、「お布団を汚してしまう」「ナプキンから漏れてしまう」「生理中は経血が気になって、トイレに通ってしまう」「レバー状のかたまりが出る」「採血で貧血（Hgb11以下）」があれば「過多月経」を疑います。

　「ナイト用を使っている」という彼女は子宮筋腫やポリープなどの器質性疾患や貧血もなく、やはり思春期特有の「性機能の未熟さによる女性ホルモンの低下」が原因と診断しました。本人と相談して、「低用量ピル（OC）」によるホルモン治療を開始したところ、月経血は減少し、元気に学校生活を送っています。

●少なすぎる場合は、続発性無月経につながる場合も

　逆に経血量が極端に少ない（20ml以下）「過少月経」も思春期の女の子にみられることがあります。「月経が1日、2日で終わってしまう」「ナプキンを替えなくてもいい」「おりものシートで足りる」という状態です。これはPart 6に示した「続発性無月経」に繋がっていく可能性もある「無排卵性月経」が原因です。

　妊娠を望まない女の子には、必ずしもすぐに治療が必要とはいえませんが、無理なダイエットやストレスなどがないか確認し、生活習慣の改善の指導をお願いします。

🍃「基礎体温の測定」を毎朝の日課に!

　できれば、毎朝の「基礎体温の測定」を日課にしてほしいと思います（図表8-2）。10秒程度で測定可能な「電子婦人体温計」も発売されています。「女性のからだのリズム」がわかる基礎体温専用アプリも出現し、いまやさまざまなメッセージも受けられる時代になりました。

　情報過多な時代であるからこそ、先生方から正しい知識と情報を子どもたちに伝えてほしいのです。

図表8-2　基礎体温でわかること

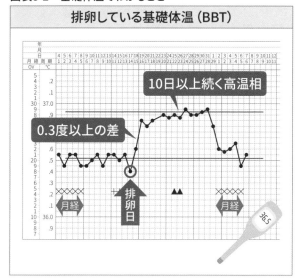

排卵している基礎体温（BBT）

10日以上続く高温相

0.3度以上の差

排卵日

月経

月経

Q54 産婦人科では生理不順や過多月経などの月経異常の治療をどのようにするの？もう少し詳しく教えて

A

基本はホルモン療法です。
ホルムストローム法やピル、漢方薬などを併用することも。

　基本的にはホルモン療法を提示します。

　月経困難症や避妊の必要がある場合はピルを、それ以外であれば、黄体ホルモンを周期的に服用する（ホルムストローム法）で治療を行ないます。

　さらに、貧血があれば鉄剤や漢方薬、サプリメントなどを併用することもあります。

Q55 「ピルは避妊薬」というイメージを強くもっている保護者にはどのように話をしたらよい?

A

いまは「月経困難症治療薬」としてピル（LEP製剤）は保険適用薬になっています。ホルモン含有量が少なく、副作用がかなり抑えられたお薬も登場しています。
また、副効用を活かし「生理不順も改善」できます。
「ピル＝避妊」だけではありません。

　日本では、避妊のためのOC（oral contaceptives）と月経困難症保険治療薬のLEP（low dose estrogen-progestin）の2種類があります。

　どちらも含まれているホルモンの内容は同じで、卵巣から出る2つの女性ホルモン（エストロゲンとプロゲステロン）が含まれています。その含有量は、排卵をお休みさせるだけのごく少量しか入っておらず、副作用を最大限に抑えるために低用量化されたピルが登場しています。

　本来人間も動物ですから、子孫を残すために生殖機能があります。月経が発来したことは妊娠ができるようになった証です。多くの方が誤解をしていますが、「毎月排卵して妊娠せずに月経が来る」ことは、生物学的から見ると実は自然なことではないのです。

　かと言って、学業やキャリアアップを必要とする思春期の女の子に妊娠を勧めているわけではありません。

　ピルは服用することで、『赤ちゃんはいないけれど妊娠に近い状態』となり、『妊娠の予行練習』になるのです。そのため、個人差はありますが一時的に「つわり」のような症状を経験することがあるので、このように伝えてほしいのです。

　「副作用は、人によっては飲み始めの数日はあるかもしれませんが、生活に支障をきたすものではありません。大丈夫ですよ。女性として毎日の生活を快適に送るために役立つものです。いつ始めても、いつやめても良いのです。ただ効果がわかるまで3か月くらいは続けてみましょう。排卵は妊娠をするためには必要ですが、いまは赤ちゃんを望んでいるわけではないのでお休みさせましょう。ピルを止めれば直ぐにまた排卵周期が戻って赤ちゃんができるからだに戻ります」

　と、正しい知識をもって理解を深めていただくようにしてください。

●正しい知識を持ち、時代に即した指導を

この項では「ホルモン治療」が出てきましたが、それが私の診療のすべてではありません。思春期の女の子にとって、「食事や睡眠、運動などの生活習慣の改善」が基本であり、ホルモン治療を希望しない場合は、（母親ではなく）あくまで本人の意思を尊重し、経過観察とするケースも少なくありません。

一方で、ネットや友人の話を聞いてピルを求めてくる女の子も増えてきました。「つらい生理痛をなんとかして」「生理がいつくるのかわからない」「生理の量がハンパなくて横漏れして嫌だった」など、ピルで解決できる月経トラブルを抱えている例はたくさんあるのです。

私は、診療や学校検診や講演で、思春期の女の子でも安全に服用できる「低用量ピル（OC）」があることを伝え、小冊子などを渡し、いつでも困ったときは受診できるようにお伝えしています。

「低用量ピル（OC）」については、再度Part 10で取り上げますが、漠然と「ホルモン剤は怖いというイメージ」だけで、いまを生きる女の子たちのQOL（生活の質）を下げてしまうことのないよう、「正しい知識と時代に即した指導」をお願いしたいのです。

すでに海外では、「子宮内に装着する黄体ホルモン製剤」が、思春期の女の子の「月経トラブルや避妊目的」で推奨されています（図表8-3）。これは、出産経験がなくても十分装着可能です。しかし、挿入時の痛みや出血、脱出などのリスクもあるので、思春期女子に全面的にはお勧めしません。

すでに世の中の治療は、「飲む時代」から「装着する時代」へ進化しているのです。いずれにしても、教育現場でもグローバルな人材を育てていく時代。日本の女性だけが取り残されてはいけないと私は常に考えています。

図表8-3　子宮内に装着するホルモン製剤

子宮内黄体ホルモン放出システム（IUS）ミレーナ®

避妊以外に過多月経や月経痛を軽減させる
（過多月経、月経困難症に保険適用）

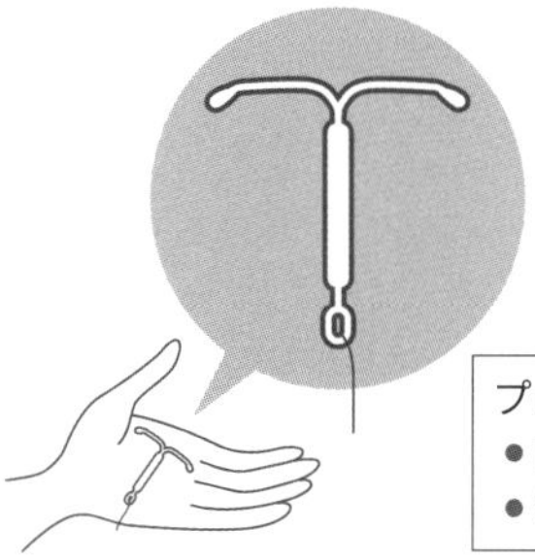

T字型をした小さなリングです。
これを子宮内に装着します。

プロゲスチン製剤（levonorgestorel）
● Mirena（5年間有効）
● Skyla（3年間有効、日本では未発売）

⚫ピルの料金

　OCは自費診療なので1シートが1,000〜3,000円程度です。その他に、医療機関によっては初診料やカウンセリング料などもかかることがあります。

　LEPは月経困難症治療薬として保険適用薬で、ジェネリック（後発性）も発売になり、薬のラインナップも増えました。初診時は除き、3か月の長期処方も受けられるようになりました。

　OCもLEPも窓口で支払う金額はあまり変わらなくなっています。

　コロナ禍以降、受診せずにオンラインでピルの処方が受けられ、利用している女性も増えています。以前から、OCは問診と血圧チェックだけで処方を受けることができました。

　しかし不正出血や腹痛などトラブルの際には、内診や血液検査など診察が必要になります。便利な時代になったとはいえ、自分のからだをトータルで診てくれるかかりつけ医を持って、不安なく服用してほしいと思います。

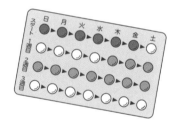

Part 8のまとめ
受診をすすめるポイント

❶ 3週間以内で生理がきてしまう

❷ 8日以上続く

❸ ナプキンから漏れてしまう、ナプキンがいっぱい
　　（昼用で1時間・ナイト用で2時間）になる日が、
　　2日以上続く

❹ 夜間、布団を汚す

❺ 経血が気になって集中できない

Part 9

生理前は心も体も絶不調……。これってなに?

「生理前はいつもイライラしたり、お腹や頭が痛くなったり、眠くなったりするの。
どうしたらいいの?」
保健室で、こんな女の子の悩みを聞く機会も多いことでしょう。
本項ではPart 7のQ47でふれた「月経前症候群(PMS)」について詳しく
述べます。

Q56 PMS（月経前症候群）ってなに？

 A

月経の3〜10日前から起こるさまざまな心身の不調を言います。

「PMS（premenstrual syndrome）」という病態が日本で広く知られるようになったのは、ここ数十年くらいのこと。実はまだ、病気としての保険病名では挙げられてはいないのです。しかし、私のクリニックを訪れる患者さんのなかでも多くの方が訴えてくる症状です。

PMSとは、月経の3〜10日前から起こるさまざまな身体的・精神的な不調（図表9-1・図表9-2）をいい、月経のある女性であれば約8割が経験する「月経前症候群」というれっきとした疾患です。その症状は個人差が大きく、自分も周りも気づいていないことも多いようです。

実は、私自身も以前はPMSが激しかったようです。患者さんから「先生、今日は口調がキツイんですけれど…」と指摘されたときは、決まって月経前でした。些細なことでイライラしたり、お腹や胸が張ったりするのです。もしかしたら、女性の先生方のなかにも私と同じような方がいらっしゃるかもしれません。また、女性アスリートの調査において、月経前はパフォーマンスが低下することが明らかになっています。

日本では少ないものの、海外では「学校に行けない」「仕事につけない」「家庭生活がうまくいかない」といった理由で、PMSは社会問題にもなっています。

図表9-1　思春期の女の子に起こるPMS症状

「PMS」のサインはさまざま

- イライラ
- 吐き気
- 落ち込み
- 肌荒れ
- 便秘
- 過食
- 胸の張り
- 学力低下
- 運動の
  パフォーマンス
  低下など

- 頭痛
- お腹が痛い
- 集中力がない
- 食欲不振
- 下痢
- むくみ
- 肩こり
- やる気の低下

図表9-2　月経周期に伴いあらわれる症状

- 眠気
- 怒りっぽい
- 憂うつ
- 乳房痛
- おなかのはり

- イライラ
- 吐き気
- 憂うつ
- 腰痛
- 下腹部痛

- 頭痛
- 腰痛
- 吐き気
- 腹痛

黄体期　月経前症候群
月経　月経困難症
卵胞期　気分が安定する時期
排卵　少し腹痛のあることも…

Q57 どうしてPMSになるの?

A
黄体ホルモン（プロゲステロン）の変化が
原因の一つと考えられています。

　「PMS」の原因として、排卵時に起こる女性ホルモンの周期的な変動が考えられていますが、いまだはっきりしたことはわかっていません。

　月経前の女性ホルモンの分泌変動と連動して、脳内の神経伝達物質である「セロトニン」や「γ-アミノ酪酸（GABA）」が減少することで症状が強く表れることも明らかになっています。最近では、うつ病との関連も指摘されています。

● 症状が強い場合は「PMDD」──心療内科や精神科でのケアが必要

　「PMS」と同じような症状で、日常生活にも支障が出るほど程度が重く、特に精神症状が強いものを「月経前不快気分障害（PMDD：premenstrual dysphoric disorder）」といいます。PMSのうち3〜5％くらいにみられます。この状態になると、心療内科や精神科でのケアが必要になります。

　PMSは排卵が起こり始める思春期のころから認められ、特にストレスや自律神経の乱れなどの影響で症状が出やすくなります。そして実際の診療現場では、「月経困難症」のある女の子はどういうわけか、PMS症状も強い傾向にあります。

Column

感性や想像力が豊かになることも?

　妊娠の準備をしている月経前は、小さな命を守るため「本能から外界との接触を避ける」大切な時期。だからこそ、女性は感性や想像力が豊かになるのではないでしょうか。

　PMSで苦しむ人がいる傍ら、逆にこの時期、物事に集中できたり、思いがけないアイデアが浮かんだりする女性もいるといいます。ある女性作家は、月経前の時期だけ、最も文章が書けて仕事がはかどると話していました。

　これからは、男性教諭や男の子たちにも、この女性の体に起こる繊細なメカニズムを知ってほしいと思います。

　「男性にはこういう周期ってないんだ。彼女の機嫌が悪いときは、もしかしたら月経前かもしれないと思って、温かく見守って優しくしてあげるのがイイ男だよ」と。

Q58 どうしてPMSなんてあるの？

外界からの刺激を避ける本能。
赤ちゃんができる体の証拠です。

　私は以前から、外来や講演で「PMS」について説明をするとき、上野動物園のパンダの話をします。

　「2017年2月半ば頃のことですが、パンダのシンシンは赤ちゃんができているかもしれないとき、いつもと違って動作が鈍くずっと寝ていたり、飼育員に噛みついたりと、ちょっと神経質になっていました。そのため、ストレスにならないようにと、観覧中止になってしまいました。私たち人間の女性も実は毎月、似たような状態になっているんです！」

　月経前は、お腹の中に赤ちゃんができているかもしれない時期。その小さな命を守るために「外界からの刺激を避ける母性本能」が「PMS」そのものではないか、と私は考えているのです。実際にPMSは、排卵があった、赤ちゃんのできる女性にしか起こらないのですから。

　先生方にはまず「PMSは赤ちゃんができる体の証拠」とポジティブに、子どもたちに伝えてほしいのです。

　しかし、つらい症状があるのに「赤ちゃんができる体」を強調しても、もしかしたら女の子たちはすぐには受け入れてくれないかもしれません。でも「次の月経が来たら必ず楽になる」ことを伝えて寄り添ってあげてください。

　PMSの特徴は、月経が始まると3日以内にはウソのように症状が消失するのです。もし消失しないなら、「うつ病」や「パニック障害」の可能性があるので、学校医と相談し、産婦人科や心療内科への受診をすすめてください。

Q₅₉ PMSへの対処法は?

A

しっかり睡眠をとること。
食生活や運動量も見直しましょう。

では、「PMS」に私たちはどう対処していけばよいのでしょう。

まず、生活習慣の改善が最も大切です。当たり前のことですが、規則正しい生活をして、睡眠をとることです。月経にはエネルギーが必要なので、月経前はそのエネルギーをためておかなくてはいけません。まずは1時間でも早くお布団に入ること。

そして、食生活には十分気を配ってほしいのです。PMSの原因の一つとも言われる、セロトニンやγ-アミノ酪酸（GABA）不足を補うためには**図表9-3**の栄養を積極的に摂りましょう。

ごはんやパンなどの炭水化物も忘れずに。血糖を一定に保つことも重要なポイントです。特にダイエット中の女の子はPMS症状が強くなるので、気をつけてください。また、カフェインやチョコレートの摂りすぎには注意しましょう。

さらに、軽めのジョギングなどの有酸素運動やカラオケ、楽器演奏なども自律神経が整い、症状緩和につながります。

図表9-3　セロトニンやγ-アミノ酪酸（GABA）不足を補う食べ物

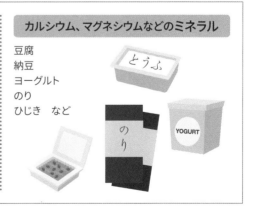

ビタミンB6	カルシウム、マグネシウムなどのミネラル
バナナ 牛乳 さつまいも かぼちゃ まぐろ かつお　など	豆腐 納豆 ヨーグルト のり ひじき　など

Q.60 どんな治療をするの?

A

漢方薬、アロマテラピー……。
OC(低用量ピル)などの薬による治療もあります。

　治療としては、漢方薬やアロマテラピーも効果があるとされています。私のクリニックでは、OC(低用量ピル)の処方も行なっています。保険適用ではありませんが、月経までの女性ホルモンの変動をお休みさせることでホルモンバランスが安定するため、PMSの症状改善も期待できます。

　先日は16歳の女の子が月経困難症を訴えて受診しました。話を聞くと、特に月経前はイライラして母親にあたり、よくケンカになるそうです。一緒にいた40代の母親にも聞いてみると、自分も娘と同じ症状をもっていると気づいてはいたものの、仕方ないとあきらめていたと打ち明けたのです。PMSの症状の強さは、顔かたちが似るように、ある程度遺伝性もあるかもしれません。

　彼女のように月経困難症と合併しているケースも多いため、私のクリニックでは、本人と話し合ったうえで低用量ホルモン療法(LEP製剤や黄体ホルモン製剤／Part 3のQ18参照)を処方しています。多くは3か月以内に月経痛は改善し、PMS症状も軽快していきます。

　ただし、すべてのPMSに漢方やホルモン剤の効果がみられるとは限りません。まずは生活習慣を整え、うつ病やパニック障害などの病気が隠れていないことを確認したうえで、自分に合った対処法を見つけてほしいと思います。そして、先生方もいつだって"ご機嫌な私"でいられるよう、子どもたちに適切なアドバイスをお願いいたします。

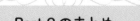

Part 9のまとめ
❶ 月経前の不調は「PMS(月経前症候群)」という、れっきとした疾患
❷ まずは生活習慣を改善すること
❸ お薬などでの治療も可能
❹ 自分なりの対処法を見つけよう

資料2　月経トラブルチェックリスト

1つでも症状があれば
婦人科を受診しましょう。

痛み

- ☐ 痛みで学校を休むなど、日常生活にも支障がある
- ☐ 鎮痛薬がいつも必要になる
- ☐ 市販の薬が効かない
- ☐ 以前より痛みが強くなった
- ☐ 生理痛で起きられないことがある
- ☐ 生理の時以外にも、下腹部痛や腰に痛みがある

過多月経

- ☐ 生理の出血が多い
  - ＊昼でも夜用のナプキンを使う日が2日以上ある
  - ＊普通のナプキン1枚では、1時間ももたない
  - ＊夜用のナプキンが2時間でいっぱいになる
  - ＊経血にレバーのような大きなかたまりが混じっている
  - ＊以前より経血量が増え、日数も長くなった
  - ＊布団や洋服を汚すことがある
- ☐ 生理の時、血のかたまりが出る

過長月経

- ☐ 生理の期間が長い（8日以上）

不正出血

- ☐ 生理ではない時に出血がある

資料3　月経前不快気分障害（PMDD）チェックリスト

---

1) リストAとリストBの中から月経の前に出る症状をチェックしてください。

【症状リストA】

☐　うつ気分や落ち込みがひどい

☐　不安、緊張感、どうにもならない、がけっぷちなどの感情がある

☐　拒絶や批判に対する感受性が高くなったり、情緒的に不安定だったり、
　　予測できなかったりする

☐　イライラしたり、怒りっぽくなったりする

リストAの中でのチェック数（　　　　）

【症状リストB】

☐　趣味や日常活動に興味が薄れている

☐　物事に対する集中力が薄れている

☐　いつもより疲れているし、活動性が低い

☐　イライラしたり、怒りっぽくなったりする

☐　炭水化物を偏って摂食したり、あるものを食べ続けたりする

☐　限界感、自己喪失感がある

☐　生理前に以下の少なくても2つの症状のために悩まされる
　　＊乳房痛または緊張感　＊頭痛　＊関節または筋肉痛
　　＊ふわふわした感じ　＊体重増加

リストBの中でのチェック数（　　　　）

2) 次の4つの質問に答えてください。

☐　リストAとリストBを足すと5項目以上になりますか？

☐　リストAのうち少なくても1つはあてはまるものがありますか？

☐　チェックした項目の大部分は生理開始後3日以内で消失しますか？

☐　上記の症状がある時、日常の活動が障害されますか？

> 上記の症状で日常の生活で支障がある場合は、産婦人科に相談しましょう。
>
> 日本ではPMS（月経前症候群）やPMDD（月経前不快気分障害）の認知度が低いです。
>
> でもイライラやうつの症状は、疾患によるものです。

資料）産婦人科診療ガイドライン婦人科外来編2014より改変

Part 10

避妊と妊活は背中合わせ
（避妊編）

避妊と妊活でこころ豊かな人生を

いまわが国は、凄まじいスピードで「超高齢化」「晩婚少子化」が進んでいます。一方で、人工妊娠中絶件数は減少傾向にあります。この原因はどこにあるのでしょうか。いずれにしても、思春期の女の子や不妊症の患者さんを診ている私としては、手放しで喜べない現実を目の当たりにしています。一見相反するように思われる「避妊」と「妊活」。医学的見地から見れば、同次元で捉えることができます。

インターネットの普及等で、人とのつながりやコミュニケーションが苦手な子どもたちが増えているように感じます。未来のある彼らには、「避妊」にも「妊活」にも積極的に取り組んでほしい。そして、人間としてこころ豊かな人生を送ってもらいたいのです。まずは「避妊」について考えていきましょう。

10代の女の子の中絶って多いの?

未だに1日に25人が中絶手術を受けています。

　2021年度の厚生労働省の調査によれば、人工妊娠中絶件数は12万6,174件で近年減少傾向が続いています。しかし、そのうち20歳未満の中絶件数は9,093件。1日に約25人の10代の女の子が中絶手術を受けていることになります。減少しているとはいえ、これは決して少ない数字ではありません。

　先日も、18歳と19歳の女の子が妊娠し、相次いで私のクリニックを受診しました。「私、産みたいんです。だって、いのちは大切だって習ったし、赤ちゃんをおろすことはいけないことでしょ?」と、2人とも同じようなことを言うのです。

　結果的に1人は親の反対で中絶を、一方は妊娠継続を選びました。

●素晴らしさだけでなく、現実についても学ぼう!

　診療現場で感じることは、思春期の子どもたちは純粋で、学校で教わる「いのちの大切さ」を強く胸に刻んでいます。中絶手術を受けるほとんどの女の子は「罪悪感」と「自己嫌悪感」を持ちながら臨んでいるのです。私は診察室で、いつもこんなふうに話しています。

　「今日の手術のことは、たぶん一生忘れないと思う。一度の失敗は誰でもあるのだから。でも、もう繰り返さないこと。今までのことはここまで。あなたが幸せになるために選択した権利だから、これからはきちんと前を向いていきましょう!　先生も応援しているからね」。

　学校現場では「生命の誕生や妊娠・出産の素晴らしさ」だけでなく、「避妊法の実際」や「人工妊娠中絶は女性の権利であること」もきちんと伝えてほしいのです。

Q62 安全日ってあるの？

A

ありません！

　まず、妊娠週数の数え方のおさらいです。ポイントは、最終月経初日からカウントすること。もしそれが３月17日なら、通常の月経周期の場合、クリスマスには赤ちゃんが生まれます（Part 5のQ35 図表5-3参照）。学校などでこの話をすると、子どもたちからはよく「早くてびっくりした」「あっという間に過ぎそう」という感想をもらいます。

　ここで大事なのは、人工妊娠中絶ができるのは「妊娠６か月の21週６日まで」。この場合、８月17日!!ということです（50ページの図表5-3「妊娠期間の数え方」参照）。まだホルモンバランスが安定していない思春期の女の子は、風邪をひいたり、試験勉強などのストレスで、容易に月経不順になってしまうと前にも述べました。「いつか来るはず……」「いつも生理不順だから」とのんびり構えていると、あっという間にこの時期を過ぎてしまう可能性があるのです。

　思春期の女の子の月経リズムは一定とは限らないので、「安全（妊娠しづらい）日はない！」ことを、ぜひ子どもたちに伝えてください。

₆₃ **どうして避妊が必要なの?**

10代で妊娠した場合、さまざまな問題が出てくるからです。

　10代で妊娠・出産することになったら、将来の夢を諦めなくてはいけなくなるかもしれません。またすべてがそうではありませんが、「10代の"できちゃった婚"の8割が5年以内に離婚している」「シングルマザーの子どもの貧困率は半数近い」というデータもあります（2022年厚生労働省人口動態統計　Part 5のQ38も合わせてご覧ください）。

　少子化が進む我が国は今後国を挙げて、学校に通いながらでも妊娠・出産ができるシステムづくりが必要になってくると考えます。しかし現時点では「欲しくないときはきちんと避妊する」「欲しくなったらすぐに妊娠できる体にしておくこと」を私は子どもたちに強調しています。

中絶した女性の多くは避妊をしておらず「男性まかせ」

　人工妊娠中絶の手術を受けた女性の多くは「避妊をしていない」という結果が出ています。「嫌われたくなかったから」や「その場の雰囲気で」避妊せず、ほとんどが「男性まかせ」なのです。

　また、言うまでもなく、腟外射精は避妊ではありません。

　先日、手術を受ける女子高生の付き添いでやってきたカレは、待合室の角で女の子の母親にこっぴどく叱られていました。避妊しなかったことを責められ、うなだれていました。そんなカレでも、一緒について来たことを、少しだけほめた私です。

　妊娠は女の子の体にしか起こりません。男の子は、痛くもかゆくもない。あくまでも「傷つくのは女の子」だということ、そして「二度と繰り返さないこと」と、これからも彼女を大切にするよう、伝えました。

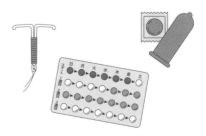

Q64 避妊ってどうやるの？

A
男性はコンドームを正しくつける。
女性にはOC（低用量ピル）という選択肢もあります。

　日本で最も汎用され、学校教育でも紹介される避妊法である「コンドーム」は、男の子が「イザ！」というときにスムーズに装着できなければまったく意味はありません。ここはインターネットの動画を活用してよいと思います。講演では、助産師シオリーヌさんのYouTube動画「コンドームのつけ方」を紹介しています。

　男の子には「最初からつける！」「きちんと根元まで」「できるオトコはいつも携帯する！」と伝え、女の子には「見た目より、コンドームをしてくれる安全なオトコを選ぼう！」「どんなに格好良くても、優しい言葉を掛けられても、相手がどうなっても（妊娠しても）構わないという態度はあなたに無関心なの。それは愛じゃない！」と話しています。

　コンドームはドラッグストアなどで購入できます。年齢証明は必要ありません。女の子だって持っていてもいいし、持っている男の子は"エロイ人"ではなく"エライ人"です。

　ただし、コンドームは性感染症の予防には有用ですが、妊娠を100％防げるものではありません。

　確実な避妊法は、女性が「OC（低用量ピル）」を服用することです（図表10-1、10-2）。飲み忘れがない限り、ほぼ確実に避妊が可能です。その他、月経トラブル（痛みや過多月経）を改善し、月経周期のコントロールやPMS軽減にも役立ちます。

図表10-1　コンドームのつけ方

図表10-2
ピルの働き（避妊効果）

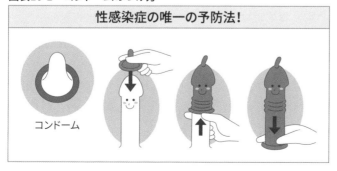

Q65 ピル（OC）の副作用が心配なのですが……

A

メリット大！
飲み始めには、つわりのような症状が出ることもあるけれど。

　今まで「思春期の女の子にホルモン剤なんて」と敬遠されたり、心配されたりする先生やお母さんの声をたくさん聞いてきました。医学的には、初経を迎えた女の子であれば服用可能です。微量の女性ホルモンを足してあげることで、「排卵をお休みさせ、赤ちゃんはいないけれど妊娠と同じような状態」にして、避妊効果を発揮します。だから、飲み始めの数日間に「つわり」のような症状が出ることがあります。

　LEP製剤（低用量ホルモン療法）と黄体ホルモン製剤のところ（Part 3のQ18）でも書きましたが、「副作用で飲めない」という女の子には、こう声を掛けてほしいのです。

　「いま赤ちゃんはいないけれど、5年後か10年後かに、あなたに赤ちゃんができたときの予行練習をしているのです。いわゆるつわりと同じ。胃薬を一緒に飲んでもいいですよ。夕飯の後や寝る前に飲んでみましょうか。少しくらい食欲がなくても、ずっとは続かない。必ず楽になります。自分のからだから出ているホルモンなのだから安心して。もし避妊に失敗して、中絶ということになったら、あなた自身が傷ついてしまうのよ。先生はそんなことさせたくないな」。

自分に合うピルを探すのも一手

　いまではピルの種類も増え、低価格の後発品であるジェネリックも発売され、色やパッケージのラインナップも豊富になりました。自分に合うピルを探してみるのもよいかもしれません。私はまず、3か月くらい試してみることを勧めています。

　また、わざわざ1か月に1度の月経様（消退）出血を起こさせない服用方法も海外では主流になりつつあります。処方する際には、お母さんのつわりの状態も聞いています。親子で体質は似ているケースが多いので、つわりがひどかった方の娘さんはどちらかというと、服用初期に嘔気が強い傾向があります。そこは、ピルのメリットをきちんと理解してもらったうえで、お母さんが一番の応援隊になってもらうようにしています。

　先生方や保護者のなかには、ピルに対してネガティブなイメージをもつ方もいらっしゃるかもしれません。できれば、一度ご自身が服用してみてはいかがでしょうか？

もしくは周りで服用されている方の体験談を聞いてみるのはいかがでしょうか。

　私自身、産婦人科医の娘でありながら、長い間自然派で通してきました。しかし同僚の勧めでピルの服用を始めてからというもの、それまでの人生でたくさん損をしてきたことに気づいたのです。この話ができるのは、女性医師の特権だと思っています。

●「血栓症」は思春期の女の子ではリスクが低いです

　思春期の女の子であれば、重篤な副作用である「血栓症」は、ピルよりも妊娠や喫煙による発症リスクのほうがはるかに高いのです。血流の停滞により血栓ができるのを防ぐため、水分を摂ったり、長時間同じ姿勢をとったりしないなどの生活習慣を心がけること。そして、血栓症の初期症状（強い頭痛・見づらい・胸が苦しい・腹痛・足の痛みなど）に留意し、体調の変化があれば、すぐに対応できる医療機関を受診すること。この２点を守れば、思春期の女の子でも安心して服用できます。

　もちろん、妊娠を避けるうえで最も安全なのは、「性行為をしないこと」です。女子には「断る勇気」、男子には「それを認めてあげる優しさ」を持つことも子どもたちには最初に伝えています。

どうしよう、避妊に失敗した！

慌てないで！　緊急避妊薬（アフターピル）があります。

　「コンドームが破けた！」「外れた！」など、「しまった！」というもしもの時に、「緊急避妊薬（アフターピル）」があります。

　大量の黄体ホルモンが含まれ、１回１錠だけを服用することで、排卵にブレーキをかけたり、着床させないようにします。「妊娠の準備をしている女性の月経サイクルをかく乱するような働き」を持っているのです。厚生労働省が認可した処方薬で、吐き気などの副作用は極めて少なく、高い避妊効果を持ちます。

　これは中絶薬ではありません。「性交後72時間以内」でなるべく早めに服用すること。ただし、深夜の救急外来の受診や救急車要請をする必要はありません。そして「効果は100％ではない」ことにも注意が必要です（図表10-3）。保険適用薬ではありません。値段は１万〜２万円程度ですが、ジェネリックでは6,000〜9,000円程度です。アフターピルを飲んで終わりではなく、続けてピルの服用も指導するよう推奨されています。

図表10-3　緊急避妊薬とは

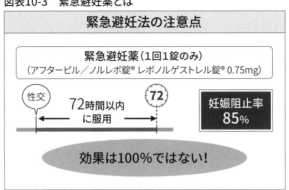

今は主に産婦人科での受診が必要になりますが、オンライン診療でも入手が可能となりました。今後日本でも、海外に準じて、薬剤師がいるドラッグストアで手軽に入手できるようになるでしょう。

　最近、ネット検索や友人からの助言などで、避妊に失敗したカップルの受診も増えてきました。中絶件数の減少にアフターピルが一役買っていることは、ほぼ間違いないと思います。子宮内避妊システム（ミレーナ®）の使用もあります。ただし、未熟な子宮への使用にはおすすめできません。性感染症を予防することはできず、挿入時の痛みや出血のリスクもあることは知っておいてほしいです。5年間効果は持続して、4万〜8万円程度です。

　少し前になりますが、高校2年生のカップルが緊急避妊を希望して来院しました。サッカー部のキャプテンとマネージャーというお似合いの2人。初めてのセックスで失敗。コンドームが外れてしまったというのです。そこで彼女に付き添って受診できるなんて、さすが、責任感も優しさも兼ね備えたイケメンキャプテン！　「よく2人で受診しましたね」とほめました。

　スポーツにも勉学にも恋愛にも積極的に取り組んでいる姿は、男の子も女の子も輝いて見えます。子どもたちには「思春期という人生の限られた時間」のなかで、人とのつながりやコミュニケーションを大切にし、たくさんの出逢いと恋もしてほしいと思っています。

Part 10 のまとめ

❶ 男子はコンドームを正しくつけよう
❷ 女子は避妊を男性まかせにしない
❸ 避妊に失敗したら、72時間以内に緊急避妊を

Part 11

避妊と妊活は背中合わせ
（妊活編）

避妊の指導だけでは響かない

Part 10では避妊について述べました。しかし「性交しないこと」や「避妊」の知識を伝えるだけの指導では、いまの子どもたちにはピンとこなくなっているかもしれません。というのも、近年、18〜34歳の未婚男性の44.2%、女性の49.4%が「性交経験なし」という結果が明らかにされました（国立社会保障・人口問題研究所 出生動向基本調査 2021年）。

一方で、以前私が講演した高校でのアンケートからは、9割以上は結婚願望があり、男女とも20代での結婚と出産を望み2人以上の子どもを持ちたいとし、女性の妊娠適齢期は20代で、妊娠できる限界の年齢があることも多くの生徒が知っていることがわかりました（2014年）。

そこで、ここでは「妊活」について述べます。子どもたちの望みどおりいけば、晩婚少子化は解消し、性交経験率も、もっと上がっていくはずでしょう。

Q67 えっ、どうして「妊活」なの?

A
将来のことを考えるために知っておいてほしいからです。

わが国では、15〜49歳の女性 1 人が生涯に産む子どもの推計人数「合計特殊出生率」が2022年度は「1.26」。1947年以降最多となる死亡数156万8,961人に対して、赤ちゃんの数は77万747人と2016年以降連続して100万人を割り、人口減少が顕著です。

初めてお産をする年齢（初産年齢）の平均も、2011年から30歳を超えて上昇傾向を認めています（図表11-1）。不妊カップルは4.4組に 1 組といわれ「妊活」がテーマのドラマも話題になる時代。いまや「不妊治療大国ニッポン」であるのです。

「妊活」とは、妊娠するための活動のこと。近年、雑誌やテレビ、芸能人のブログなどでもよく目にするワードになりました。「妊活」なんて、教育現場ではとんでもない！　必要ない！と考える先生もいるかもしれません。しかし、「晩婚・少子化」「草食・絶食化」「セックスレス化」が進むいま、子どもたちが「妊娠を望んだらすぐに赤ちゃんをつくれるからだにしておく」「将来のライフプランを立てておく」ことは、とても大切です。その必要性を理解するためにも、子どもたちに是非このことを伝えてほしいのです。

図表11-1　女性の平均初婚年齢と母親の平均出生時年齢の年次推移（〜2022年）

[〔歳〕の縦軸は24から32まで、横軸は〔年〕で80 85 90 95 96 97 98 99 00 01 02 03 04 05 06 07 08 09 10 11 12 13 14 15 16 17 18 19 20 21 22。凡例：平均初婚年齢、第1子]

資料）厚生労働省「人口動態統計」より

どうして不妊症になるの？

半分は男性に原因あり。
正しいマスターベーションを習得するように！

　避妊せず夫婦生活を行なっているのに1年経っても妊娠に至らない状態を「不妊症」と定義しています。かつては女性ばかりが悪いとされ、一方的に離縁されることもありました。しかし、いまはその原因の半分は男性側にもあるといわれます。

　男性も35歳を過ぎるとホルモンに減少傾向がみられ、仕事が忙しいなどでストレスも多いと、精子の数も運動率も減少します。さらには、性交のタイミングが合わないからと、人工授精を最初から希望する患者さんも珍しくありません。先日も「主人がダメでした……」と、うつむいて涙声で訴えた患者さんがいました。

　「腟内射精障害」や「ED（勃起障害）」が不妊原因となっているケースも増えています。これは、一つに「間違ったマスターベーション」が誘因になっていることが指摘されています。ペニスを床や壁などに強くこすりつける方法（床オナ・壁オナ）により、その強い刺激に慣れて、女性の腟の中で射精できなくなってしまうのです。

●マスターベーションについては、明るく伝えるのがコツ

　将来赤ちゃんをつくれるからだでいるためにも、男の子には思春期から、正しいマスターベーションの仕方を習得してもらう必要があります。私の講演ではアニメのキャラクターを使った「床オナ（ニー）」「壁オナ（ニー）」をイメージさせるスライドを使っていますが、男の子たちには好評です。正しい方法で行なえば、他人に迷惑を掛けるわけではないので「気持ちの赴くまま何度でもOK！」とも伝えています。

　ちなみに、私の尊敬する男性医師の「一晩で7回したけど〜」のエピソードを紹介すると、「安心した」「スゴイ」という声をよくもらいます。

　先生方にお願いしたいことは、マスターベーションの話は、恥ずかしがらず明るくはっきり伝えることがコツです。女性も男性も生殖機能が備われば、誰でも自然に起こってくる生理現象なのですから。

Q69 女性の妊娠適齢期ってあるの?

年齢が最も重要な問題。卵子の数は減っていきます。

　不妊原因で最も重要な問題として「女性の年齢」があります。女性の結婚年齢が不妊率に相関することもわかっています。わが国では、古来より「結婚→妊娠」の順序が一般的と考えられてきました。女性が20代前半で結婚したカップルのほとんどは子どもを持てるのに対し、40代前半では3組に2組は子どもを持てないというデータがあります。

　女性の妊娠適齢期には「卵子」が大きく関わっています。卵子は女性の卵巣の中に存在します。お母さんのお腹の中にいる胎生期(妊娠6か月ごろ)にはだいたい800万個あり、これがピークです。

　出生時に200万個、思春期になると10万〜20万個に減少し、一生涯増えることはありません。このうち一生の月経回数である450〜500個くらいが排卵に至ります。もったいない話ですが、妊娠に絡む超優秀な卵子はたったこれだけなのです。しかも、排卵して月経があればいつでも妊娠できるというわけではありません。

卵子は、数だけではなく、質も年齢とともに劣化します

　例えば、箱詰め高級サクランボをもらったとしましょう。高価でデリケートな「赤い宝石箱」。嬉しいから新鮮なうちに食べちゃおっ!と、最初はバクバク食べていきますね。そのうちふと我に返って、もったいないから少しずつ食べていこうと、残りを冷蔵庫に保存……そうこうしているうちに傷んできました。ぶよぶよしたもの、黒ずんでいるものも。でも中には、まだ甘く美味しいものが少しはあるようです。

　これは、数も時間経過も異なりますが、女性の「卵子」に例えることができます。若いころは1か月に1,000個くらいの卵子が勢いよく発育(バクバク食べている)していきます。そのほとんどが小さいまま消えてなくなったり、しぼんでしまったりするのですが、数が多いぶん、質のよい優秀な卵子(フレッシュで甘く美味しいサクランボ)が含まれています。

　年を重ねるごとに卵子は減少、劣化して、選りすぐりの卵子が成長してくる頻度は低下していきます。時間が経ったサクランボのなかには甘く美味しいものもある(頻度は低くても高齢妊娠ができる)けれど、多くは確実に傷んでいきます(図表11-2)。女

図表11-2　加齢に伴い卵子の数は減少、質も低下する

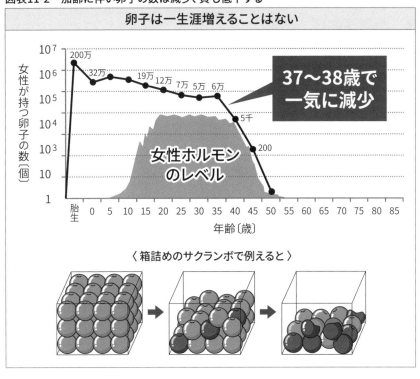

性は若いうちに妊娠するのがよいという考えは、この卵子の減少からも理解できると思います。

　卵子の減少のピークは37〜38歳。不思議なことに、ちょうど女性の厄年と合致するのです。昔から「厄落としで妊娠するとよい」という言い伝えがあります。先人たちも、女性の妊娠適齢期をきっと知っていたに違いないと思うのです。女性のからだに、月経の乱れや疲れやすさなどの変化が起こりやすくなるのもこの時期です。多くの女性がこの頃から、妊娠率が低下することもわかっています。

図表11-3　不妊の原因はさまざま

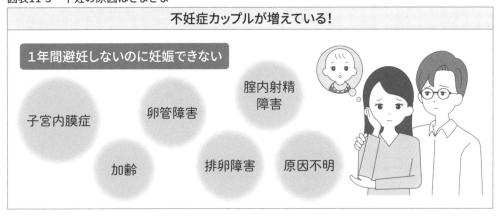

Q70 不妊治療ってどんなことをするの?

 A
さまざまな方法がありますが、
多大な労力とお金が必要となります。

　私のクリニックには、不妊症で悩む患者さんが毎日受診されます。検査を進めても、原因がはっきりわからないことも多いのです。月経が来るたびに落ち込んで、不妊治療が大きなストレスとなって精神を病んでしまう女性もたくさん診てきました。

　なかには10代で人工妊娠中絶手術を受けた経験のある女性や、月経痛を放置して子宮内膜症を発症していたり、検査で初めてクラミジア感染を知ったりする患者さんもいます。不妊治療を受ける女性は近年確実に増えています（図表11-4）。

　不妊治療は、タイミング法（排卵時期に性交を持つこと）から始まり、排卵誘発剤や漢方薬などの薬物治療をしていきます。

図表11-4　日本では不妊治療を受ける人が増えている

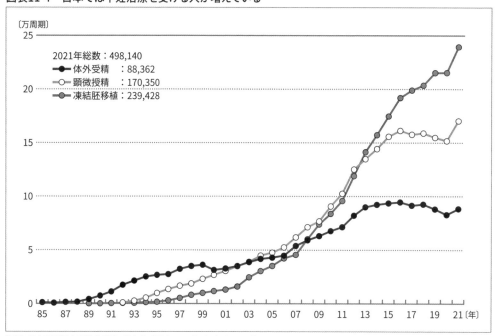

資料）日本産科婦人科学会 登録・調査小委員会 ARTデータブック 2021年

図表11-5　生殖補助医療の妊娠率・生産率・流産率

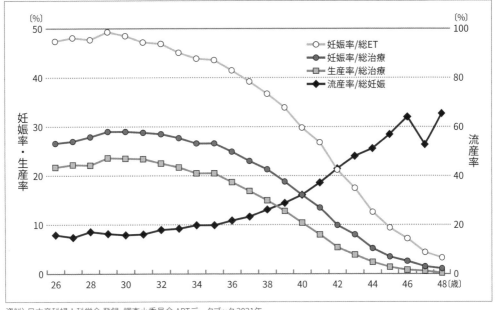

資料）日本産科婦人科学会 登録・調査小委員会 ARTデータブック 2021年

　それでも、妊娠に至らない場合は、人工授精、体外受精へと進んでいくわけですが、不妊治療には多大な労力がかかります。2022年4月から初めての不妊治療開始時点の女性の年齢が42歳以下に限り回数制限はありますが、生殖補助医療が保険適用となりました。

　一方で、体外受精をすれば確実に妊娠できるのかと思いきや、その妊娠率は高くはないのです。図表11-5のごとく、卵子のピークである37〜38歳で一気に低下し、41歳で生産率と流産率がクロスします。つまり、女性は年齢を重ねていくと、妊娠しても流産してしまう確率が高く、元気な赤ちゃんを産める割合は低くなるのです。

　現在は、体外で受精卵をつくり、いったん凍結保存して、それを後に子宮に戻す「凍結胚移植」が最も妊娠率が高いことがわかっています。プロゴルファーの東尾理子さんがブログで発表したように、上の子ができた数年前に採取し凍結しておいた受精卵を戻して妊娠しています。同じ時期に採取した受精卵で兄弟ができる時代なのです。

　一方で、悪性腫瘍などの治療で卵子を採取しておく「卵子凍結」では、受精卵と違って壊れやすく妊娠率は低くなります。日本産科婦人科学会の規則では、年齢など社会的な理由でいまは卵子の凍結は認めていませんが、女性の社会進出や時代の流れから、今後は需要が高まっていくと考えられます。しかし、産婦人科医の見地からいえば「産み時」「育て時」があるので、先延ばしはおすすめしません。

　また先ごろ、長年の不妊治療で妊娠できず、46歳でロシア人女性の子宮を借りて、自分たちの受精卵で赤ちゃんを得た元キャスターも話題になりました。精神的苦悩と多額の費用がかかったことも本人のブログなどで公表されています。

妊娠はゴールではありません！

　生殖技術が進み、着床前診断により事前に遺伝子異常の有無を発見することもできるようになりましたが、「命の選別」と表現する意見もあります。アラフォー出産も4人に1人の時代。女性が妊娠できる年齢は、昔に比べると明らかに高くなりました。

　そのなかでも、私は不妊症患者さんに「妊娠はゴールではない」ことを必ず伝えています。赤ちゃんは一人では生きていけないので「健康なお母さんのもとにしか生まれてこない」のです。

　女性の年齢が低く（15歳以下）ても、高く（35歳以降）ても、妊娠中のトラブルは増えることが明らかになっています。子どもを持つ・持たないは、個人の自由です。人から押し付けられる必要はなく、自分自身で決めてよいのです。ただ、赤ちゃんは女性のからだから生まれるわけで、妊娠・出産は女性にとって大きなイベントとなります。

　子どもたちには、すでに知識があったとしても、「妊娠・出産できる女性の年齢は限られている」ことをこれからも胸に刻んでおいてほしい。そして、先生方には、"「避妊」も「妊活」も前向きに取り組む、こころ豊かな人生へ"子どもたちを送り出してほしいのです。

Part 11のまとめ
❶ 女性には妊娠適齢期はある
❷ 不妊の原因の半分は男性にある
❸ 思春期からライフプランを考えて

Part 12

性感染症なんて 私には関係ない?

性感染症（STI）は意外と身近なものです。
「おりものトラブル」と「カンジダ腟炎」、STIのなかで最も多い「クラミジア感染症」、最近増えているといわれる「梅毒」、そしてその予防と対策について、思春期女子の立場で考えます。

おりものが多い気がするのですが……

多いから病気とは限りません。

　おりものとは医学用語で帯下といい、女性ホルモン（エストロゲン）の働きにより初経が始まるころから認められ、その性状は卵巣機能によって月経周期で変化します。排卵期が近づくと、透明で伸びるおりもの（最近、妊活女子の間では妊娠しやすいこの状態を"ノビオリ"と言うらしい）が増え、排卵が終わると白濁し、下着につくと黄色くベタッと粘り気の強いものになります。

　おりものは、汗をかきやすい人、かきにくい人がいるように量には個人差があります。季節によっても変化し、思春期の女の子でも性的に興奮することでも増えるので、一概に"多いから病気"と決めつけることはできません。

 「デリケートゾーンがかゆい」「おりものがくさい」のですが……

**カッテージチーズのようなおりものは、
カンジダ腟炎の可能性があります。**

　かゆみやにおい、痛みがある、白～クリーム色以外の色や膿、泡、カッテージチーズのようなおりものは腟炎など炎症を起こしている可能性があります。かゆみがひどいときや、いつもと違うにおいがあるときは、小児科か産婦人科へ受診をすすめてください。

　性交の有無にかかわらず、日常診療でよく遭遇するのが「カンジダ腟炎」。風邪をひいたり、抗生物質の服用、おりものシートの長時間装着でも起こることはよく知られています。

　「カンジダ菌」は、私たちの皮膚や腸管内にいる常在菌でカビの一種です。健康な

女性の腟の中には外からの雑菌の侵入を防ぐ「門番」の役目をする「乳酸桿菌（デーデルライン桿菌）」がいるので、普段はカンジダ菌もおとなしくしています。しかし、乳酸桿菌のパワーが落ちたときに増殖し、かゆみを起こしたり、カッテージチーズのような特徴的なおりものを増やしたりしていくのです。

　先日も性交経験のない16歳の女の子が、かゆみとおりものを訴えて受診しました。どうやら、風邪をこじらせ扁桃腺が腫れ、抗生剤を2週間服用しているようでした。おりものが気になってシートを常用し、市販の軟膏を使ったらかえって痛痒さが増してしまったとのこと。夜中も知らぬ間に掻いてしまって石けんもしみると訴えます。培養検査で確認後、抗真菌薬のクリームを処方。シート着用を止めたところ、数日で症状は改善しました。体力が戻り元気になったら自然に治ることもありますが、再発も多いのがこの「カンジダ腟炎」の特徴です。

　学校生活を送るなかで、このような外陰部やおりものトラブルから、集中力が落ちたり、イライラやうつ状態など精神的に悪影響を及ぼしたりすることも少なくありません。特に女の子は恥ずかしさから友だちにも言えず、ひとり悩んでしまうケースが多いのです。

　先生方にはぜひ「カンジダ腟炎」の原因や対処法は知っておいてほしいと思います。生理日でなければ、通気性をよくするための指導を行なってください（図表12-1）。

図表12-1

カンジダ腟炎になったら
● おりものシートは止める
● 下着をまめに替える
● デリケートゾーン専用の石けんなど刺激の少ないものでやさしく洗う
ゴシゴシ洗いはNG!
● 薬剤師さんのいるドラッグストアで相談する
以前に同じ症状でカンジダ腟炎と診断をされている場合を除き、自己判断で市販薬を使うことはお勧めできません!
● 産婦人科を受診して早く治す

●クラミジア感染症は「沈黙の性感染症」。10代の女の子に多い

　以前、生理痛を訴えて受診した17歳の女の子が受診しました。内診台に乗った際、「おりものが多くて少しにおいが……」と呟きました。20代の彼とはコンドームをしたりしなかったりとのこと。念のため、子宮頸管のクラミジア抗原検査をしたところ、結果は陽性。彼女はその結果に驚いた様子で、ただうつむいていました。

　実はこの「クラミジア感染症」は「沈黙の性感染症」ともいわれ、いま日本で最も

図表12-2

クラミジア感染症って？

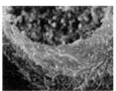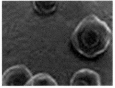

| おりものが少し増える | 排尿時に軽い痛み |

自覚症状がないことも

| 卵管炎、子宮内膜炎をおこすことも |

↓

下腹部痛、不妊、子宮外妊娠の原因

沈黙の性感染症

日本で
最も多い
性感染症

女子高校生の**13.1**%
男子高校生の **6.7**%が感染

日本性教育協会（JASE）2021年調べ

多いSTI（性感染症）です（**図表12-2**）。特に10代の若い女性の感染率が高く、粘膜で感染するため、キスやオーラル（口腔性交）でもうつることがわかっています。

　驚くことに、性交経験のある女子高校生の13.1％、男子高校生は6.7％が感染していたという調査結果があります。年齢別には1年生の女子高校生は感染率17.3％、経験人数が5人以上と答えた女子高校生の約30％が感染しているという結果でした（日本性教育協会〈JASE・ジェイス〉2021年）。

　彼女のように自覚症状があまりなく、医療機関で検査をしてはじめてわかることも多いのがこのクラミジア感染症の特徴です。おりものの変化を伝えず、そこでクラミジア検査をしなかったら、彼女もパートナーもきっとそのまま過ごしていたことでしょう。そしてもしかしたら、気づかないまま他の人にも移していたかもしれません。

　彼女にはクラミジアの特効薬である抗菌剤を処方しました。そしてパートナーも検査で陽性だったため治療を行ない、その後2人とも陰性を確認してから、性交を許可しました。

　女性の生殖器は構造上、腟から子宮、卵管、腹腔内へとつながっています。そのため将来、腹痛や不妊、子宮外妊娠のリスク、次世代への影響などが出てくる可能性があるのです。

　私はSTI（性感染症）にかかった患者さんには、「女の子が損しちゃうのよね！　だからきちんと治しましょう。そして、またどこかからもらってこないように、自分のからだは自分で守りましょうね」と話しています。

最近増えているという梅毒って?

A
もはや「昔に流行った性病」ではありません。

　最近、若い女性に「梅毒」が急増し、世界的にも感染が拡大しています。梅毒は「梅毒トレポネーマ」という病原体の感染により、おできや潰瘍、発疹などの多彩な症状が出たり消えたりしながら全身に広がっていくSTI（性感染症）です。

　汎用されることの多い抗生剤である「ペニシリン」が特効薬なので、以前は"昔に流行った性病"というイメージを持っていた私でしたが、もはや、昔の病気ではないのです。感染が疑わしければ、早めに血液検査（梅毒血清反応）を受けるように勧めてください。もし女性が感染して妊娠した場合、胎児に感染するリスク（先天梅毒）も高いからです。

STI（性感染症）を防ぐために知っておくこと・なすべきこと

　STIを防ぐには、当たり前だけど「性交をしないこと」「コンドームをつけること」です。しかし、あわせて、「コンドームですべてを防げない」ことも指導します。さらに「検査を受けて早く治療すれば、命に関わることなく、きちんと治せる」ことを伝えています。

　STIは年齢や性別にかかわらず、誰もが感染するリスクがあります。自分の治療を確実に行なうことは「自分のため」だけでなく、「愛する人や身近な人、そして次の世代への感染をも防ぐ」ということも知っておいてほしいのです。

Part 12のまとめ
❶性感染症（STI）は誰でもかかる可能性がある
❷コンドームを装着しても、100％ではない
❸早めの検査と治療で治る

資料4　主なSTI（性感染症）一覧表

病名	どんな病気なの？	病原体	感染方法	潜伏期間	症状	治療法
梅毒	一般に皮膚や粘膜の小さな傷から病原菌が侵入して感染して全身に広がる。最近はHIV感染者の梅毒が増加。コンドームによる予防▲感染してから約4週間後に血液検査で判明。	トレポネーマ・パリダム（細菌）	キスペッティングセックス	約3週間	男女とも症状は同じ。第1期（3か月まで）：外陰部に大豆くらいの大きさの赤くてかたいしこりができる。第2期（3か月～3年）：全身に赤みや発疹が現れる。脱毛症状。第3期（3～10年）：無症状。皮膚や粘膜に大きなしこりが生じることがあるが、現在は少ない。第4期（10年以降）：心臓、目、血管、神経などに重い症状がでるが、現在は少ない。	抗生物質の服用
淋病	オーラルセックスによる咽頭炎の感染が増加。	淋菌	セックス	2～10日	男性の症状がはっきりしているのに対して、女性は症状が軽いため、自覚症状がない場合がある。男性：排尿時の強い痛み、尿道からの分泌物。女性：無症状、尿道痛、おりものの増加。	抗生物質の注射
軟性下かん	日本では少ない病気、最近ではめったにない。	軟性下かん菌	セックス	4～10日	男性：包皮の内側、亀頭、陰茎に赤い発疹がみられ強い痛みが出る、リンパ腺のはれ、発熱。女性：陰唇に赤い発疹と痛み。	抗生物質の服用（10日くらい）
そけいリンパ肉芽腫症		クラミジア・トラコマティス	セックス		感染後、5～21日で外性器に小さな水疱やブツブツができる。	抗生物質の服用
エイズ	他の性感染症に感染しているとHIVにも感染しやすくなる。即日検査は原則90日以上。コンドーム〇	HIV	精液腔分泌液血液	6か月～10年以上	日和見感染をして体の免疫が壊され、さまざまな感染症にかかる。免疫力が落ちると発熱、下痢、倦怠感、体重減少などの症状が出る。進むとエイズ脳症、カポジ肉腫。	薬を一生飲み続けなければならない
クラミジア	世界的に増加傾向、特に女性の感染者が増加、腹腔内へ感染が広がると、腹痛や不妊症の原因になることも。オーラルセックスでは咽頭炎に。	クラミジア・トラコマティス	キスセックス	1～3週間	男性：軽い尿道炎、排尿時の痛み、放置すれば精巣上体炎、男性不妊症を起こす。女性：70％以上の人が無症状、不正子宮出血や軽い下腹部痛、おりものの増加。進行すると、卵管炎、腹膜炎、子宮外妊娠の原因に。	抗生物質の服用

病名	どんな病気なの?	病原体	感染方法	潜伏期間	症状	治療法
性器ヘルペス	女性に多いウイルス性の病気。一度感染するとウイルスが潜伏し再発を繰り返すことがある。ヘルペスウイルスが性器につき炎症を起こす。妊娠中に起こった場合、出産時に新生児に感染、死亡率が高い。	ヘルペスウイルス	セックスオーラルセックス	2〜10日	米粒大の大きさの水疱が出る。激しい痛みを感じる。	抗ウイルス薬の服用ぬり薬重症の場合抗ウイルス薬の注射
尖圭コンジローム	皮膚や粘膜に感染して発症、再発しやすい。コンドーム▲	ヒト乳頭腫ウイルス	皮膚や粘膜の微少な傷から侵入	数週間〜数か月	男女ともに性器や肛門周辺に淡紅色や薄い茶色のイボ、またはカリフラワー状のイボ。患部はかゆく、熱をもったりする。	ぬり薬レーザー治療凍結療法
かいせん・毛ジラミ	コンドーム✖	かいせん虫毛ジラミ虫	セックスシーツやタオルを介して		とにかくかゆい。ぶつぶつや斑点ができたりもする。	軟膏・薬で虫がいなくなるまで治療する
トリコモナス症	おりもののにおいやかゆみ。まれに、人が集まる公衆浴場や濡れたタオル等でも感染することも。	トリコモナス原虫	セックスまれにタオルや下着を介して	4〜10日	男性:無症状、軽い尿道炎。女性:おりものの増加、においが強くなる、腟炎、外陰炎、強いかゆみ。	抗原虫薬の内服腟錠
性器カンジダ症	もともと人が体内に持っていることが多い菌で、性的接触がなくても体調不良や抗生剤内服など、免疫力が低下することによって発症する。	カンジダ(真菌)	セックス常在菌としてもっていたもの、母親からの産道感染	何年にも及ぶこともある	男性:亀頭にかゆみや水疱。女性:外陰部の痛みやかゆみ、白いカッテージチーズ状のおりもの。	腟錠ぬり薬
B型肝炎		B型肝炎ウイルス	血液	約3か月	半数以上は無症状。食欲不振、だるさ、関節痛、黄疸。まれに劇症肝炎を起こすことがある。	安静
A型肝炎	便の中にウイルスが出る。コンドーム▲	A型肝炎ウイルス	セックスオーラルセックス		発熱、頭痛、腹痛、だるさ、食欲不振、吐き気、濃い色の尿、黄疸	対症療法

「なんだかいつもと違うぞ」と感じたら、自分の症状を入念にチェック。
STIは早期発見、早期治療が大切です。

排尿時に痛みがある

- ☐ 排尿時に痛みがある
  - →淋菌感染症、性器クラミジア感染症、腟カンジダ症、トリコモナス症など
- ☐ 軽い下腹部痛がある
  - →性器クラミジア感染症など

外陰部に異常がある

- ☐ 皮膚が赤くなり、かゆみがある
  - →腟カンジダ症、トリコモナス症など
- ☐ 水泡ができ、かゆみが出て、強い痛みや熱を感じる
  - →性器ヘルペスウイルス感染症
- ☐ カリフラワー状のイボができた
  - →尖圭コンジローマ
- ☐ 硬いしこりができ、もものつけ根が硬くはれる
  - →梅毒

おりものがいつもと違う

- ☐ おりものの量が増えた
  - →性器クラミジア感染症、淋菌感染症など
- ☐ 白いカッテージチーズ状のおりものが出る
  - →腟カンジダ症
- ☐ 白または黄色の泡状のおりものが出る
  - →トリコモナス症

※今、増えているSTIには、感染していても無症状だったり、軽い下腹部痛ぐらいで気がつかない場合も多くあります。「もしかしたら……」と思ったらすぐに病院に受診をしましょう。

資料6　性感染症チェックリスト（女子編）

- ☐ おりものの量が増えた
- ☐ おりものの色が変わった。臭いが強い
- ☐ 外陰部に痛みやかゆみを感じる
- ☐ 外陰部に水泡やイボができた
- ☐ 性交時や排尿時に痛みがある
- ☐ 性交後、性器から出血する

1つでも該当したら
放っておかずに婦人科を
受診しましょう

資料7　性感染症チェックリスト（男子編）

- ☐ 尿道から膿のようなものが出てきた
- ☐ 排尿時に痛みがある
- ☐ 性器に痛みやかゆみを感じる
- ☐ 性器に水泡やイボができた
- ☐ 性交時に痛みがある

1つでも該当したら
放っておかずに泌尿器科を
受診しましょう

Part 13

HPVワクチンと子宮頸がん

子宮頸がんの原因はほぼHPV感染によるものとされ、妊娠適齢期の女性に増えているのが近年問題になっています。

その予防となるHPV（ヒトパピローマウイルス）ワクチンは、2021年に厚生労働省から積極的推奨差し控えの中止が正式決定されましたが、いまだ副反応が怖いというイメージが払拭されていないのが実情です。子宮頸がん予防の一つとなり得るHPVワクチンの効果と安全性について、最近の見解も交えて紹介します。

Q₇₄ HPV（ヒトパピローマウイルス）ってなに？

A

200種類以上あるごくありふれたウイルスで、子宮頸がんを引き起こす15種類はハイリスク型といわれています。性交経験があれば誰でも一度は感染します。

　生殖器に感染するHPV（ヒトパピローマウイルス）は、男女を問わず、性交経験があれば誰でも一度は感染します。感染しても自覚症状はありません。

　HPVには200種類以上の型があり、よく知られている子宮頸がん以外にも咽頭がん、外陰がん、腟がん、肛門がん、陰茎がんなどを発症する15種類をハイリスク型といいます。HPV感染によるがんの多くは、ハイリスク型のなかでも16、18型は特に悪性度が高いとされています。

　HPV感染で直ぐにがんになるわけではなく、長く感染が続いた場合に起こるまれな合併症がんです。

図表13-1　子宮頸がんの原因

子宮頸がんの原因は、ごくありふれたウイルスです。

- 子宮頸がんの原因は、**ヒトパピローマウイルス (Human Papillomavirus＝HPV)** という、ごくありふれたウイルスです[1]。
- 感染しても、多くの場合ウイルスは自然に排出されますが、長く感染が続いた場合、がんになることがあります[1]。
- 子宮頸がんの患者さんの90%以上でみつかります[1]。

性行為を行う女性のHPV感染率

海外の報告では、異性との性経験のある女性の84.6%が
一生に一度はHPVに感染すると推計されています[2]。

1）厚生労働省HPVワクチンに関するQ&A
　https://www.mhlw.go.jp/stf/seisakunitsuite/bunya/kenkou/hpv_qa.html (Accessed May 26, 2023)
2）Chesson HW et al. Sex Transm Dis. 2014; 41: 660-664.

　日本では、2013年4月より小学校6年生から高校1年生までの女子を対象にHPVワクチンが公費で受けられる定期接種になりました。しかしその後、HPVワクチンとの因果関係は実証されてないものの、接種後にしびれや痛みなどの副反応が出現し、歩けなくなるなどの症状に苦しんでいる女性や家族がいることがマスメディアを通じて世間の知るところとなりました。このショッキングな報道を目にした多くの方々は、不安と恐怖とワクチンに対するネガティブなイメージを持ったことでしょう。時を同じくして国は積極的勧奨を中止しました。

　しかしその後、国内の専門家による地道な働きかけと、有効性や副反応に関する多くのエビデンスが明らかになり安全性が確認されたことで、2021年11月に積極的勧奨再開となりました。公費助成による定期接種対象は、同じく小学6年生から高校1年生までの女子ですが、接種そびれた人の救済策（キャッチアップ制度）も期間限定で制定されています。公費で接種できるのは、1997年4月2日から2007年4月1日生まれの女子で、2025（令和7）年3月までとなっています。3回の接種完了のためには、初回接種は2024年9月までとなります。

　私も、ワクチン接種後3年半頃から脚の痛みが出現したという女の子を診ました。ワクチン接種との関連性は不明ですが、国の専門機関での治療と手厚い経済的支援を受け、少しずつ症状は軽快していると聞いています。

　HPVワクチンは、すでに感染したウイルスを除去したり悪くさせたりする力はありません。これから新しく感染するHPVを防ぐことができるのです。推奨年齢は26歳くらいまでですが、一番効果が期待できるのは、免疫応答がない若い人の初交前の接種完了です。しかし、ワクチンの臨床データがある生殖年齢である45歳くらいまでは接種のメリットはあると考えられています。

　日本ではまだ男子への接種は公費助成で行なわれていませんが、子宮頸がん以外にも予防効果が認められており、海外に続いて男子への接種も行なわれていくことを期待しています。

Column

子宮頸がんは性感染症（STI）か？

　HPV（ヒトパピローマウイルス）の感染ルートのほとんどは性行為ですが、感染してもすべてが子宮頸がんになるわけではありません。個人の免疫応答による「ありふれた感染で起きるまれな合併症」が子宮頸がんです。

　喫煙はHPVの活動性を上げることがわかっており、私のクリニックでも、検診で異常が見つかる患者さんは「タバコを吸っている」もしくは「パートナーが吸っている」女性に多い傾向があります。また、「人生でたった一人の男性とたった一度の性交」でも、「長期間セックスレス」の女性でも発症しているのです。そのため、子宮頸がんは性感染症（STI）には含めないとされています。

 **Q75　子宮頸がんを防ぐには?**

HPVワクチン接種と検診です。

　HPVワクチンは国際機関や国内の学会からその有効性を強調されていますが、100％子宮頸がんを防げるわけではありません。そこは検診が重要となります。性交経験があれば、1〜2年に一度は検診を受けるよう勧めてください。ただし、検診だけでは防げない進行スピードの速い子宮頸部腺がんはHPV16、18型が原因のことが多く、近年増加傾向にあります。

　先日、毎年検診を欠かさず受けていた30代の女性が、性交時に出血があると受診されました。4か月前に受けた子宮頸がん検診は異常なしでしたが、検査の結果、HPV18型陽性で子宮頸部に腺癌が見つかりました。彼女は妊娠を諦め、手術で子宮、卵巣を摘出し、抗がん剤の治療を受けています。

　また、数年前から診ている患者さんですが、検診で子宮頸部高度異形成が見つかり円錐切除手術で子宮は温存できたのです。しかし、妊娠が成立しても流産を繰り返し、入院し子宮の出口を結ぶ手術を行ない、どんなに安静を保っても生児を得られず、泣く泣く妊娠を諦められました。

　さらに、私が研修医になってはじめて受け持った患者さんが、子宮頸がん末期の女性でした。手術に放射線、抗がん剤とあらゆる治療を行なったにもかかわらず、全身を管につながれ、痛み止めの点滴で意識がもうろうとしていました。その数週間後、小さな男の子を残して旅立ちました。きっと女性として母としてやり残したことがたくさんあったに違いありません。

　私はこのように苦しむ患者さんを診てきた産婦人科医として、これからの女性には同じような悲劇は経験して欲しくないと願っています。

　日本では、年間約1万人の女性が新たに「子宮頸がん（上皮内がんを含む）」にかかり、毎年約2,900人が死亡しています（図表13-2）。1日に約8人の女性が「子宮頸がん」で亡くなっている計算になります。また、約76人に1人が一生のうちに子宮頸がんを発症しています。

　では、性交経験がなければ子宮頸がんにならないのでしょうか。

　これにはあまり知られていない現実があるのです。私のクリニックでも性交経験のない若い女性から前がん状態が見つかったケースがあります。

図表13-2　子宮頸がんの罹患率（2019年）・死亡率（2021年）

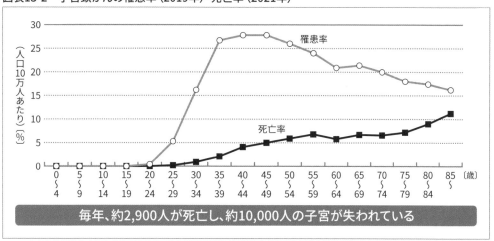

毎年、約2,900人が死亡し、約10,000人の子宮が失われている

資料）国立がん研究センターがん情報サービス「がん統計」（全国がん登録）
　　　国立がん研究センターがん情報サービス「がん統計」（厚生労働省人口動態統計）

図表13-3　子宮頸がんは妊娠・出産年齢に最も多いがん

日本のがんの現状	2022年がん罹患数予測 ▶ 約102万例（男性58.4万例、女性43.5万例）

罹患数が多い部位

	1位	2位	3位	4位	5位
男性	前立腺	胃	大腸	肺	肝臓
女性	乳房	大腸	肺	胃	子宮*

＊子宮：子宮体部＋子宮頸部

学業、仕事、恋愛、結婚、出産、育児など、女性の人生に
大きな影響を与える可能性があるのが子宮頸がんです。

- 女性の「出産年齢」と子宮頸がんの「罹患年齢」は20〜30歳代で重なります。
- 子宮頸がんは、出産年齢期の20〜40歳代の女性に多いがんです。

日本人女性の出生数と子宮頸がんの罹患率（2019年）

資料）国立がん研究センターがん情報サービスがん統計予測
https://ganjoho.jp/reg_stat/statistics/stat/short_pred.html (Accessed May 26, 2023)
厚生労働省 令和元年（2019）人口動態統計（確定数）の概況 母の年齢（5歳階級）・出生順位別にみた出生数より作図
https://www.mhlw.go.jp/toukei/saikin/hw/jinkou/kakutei19/ (Accessed May 26, 2023)
国立がん研究センターがん情報サービス「がん統計」（全国がん登録）全国がん罹患データ（2016年〜2019年）より作図
https://ganjoho.jp/reg_stat/statistics/dl/index.html (Accessed May 26, 2023)

図表13-4　子宮頸がんの予防手段

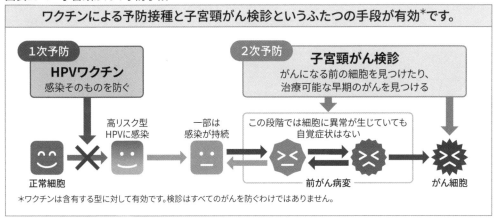

資料）笹川寿之. 臨床と微生物. 2009; 36: 55-62. より作図
厚生労働省HPVワクチンに関するQ&A
https://www.mhlw.go.jp/stf/seisakunitsuite/bunya/kenkou/hpv_qa.html (Accessed May 26, 2023)

　おりものの異常を訴えて受診した、性交経験のない女性の腟に異物が残っていたこともありました。また、問診では性交経験がないときっぱり言い切るレズビアンの女性もいて、さらに丁寧な問診が必要だと痛感しました。

　HPV感染の多くは、男性のペニスが腟内に挿入される性交がほとんどですが、このように性交経験がなくても、それらに類似した行為（指や玩具の挿入）でも起こります。また、長期にわたりセックスレスが続いても、たった一度の性交や人生でたった一人の男性との性交でも、免疫力の低下によりHPV感染が再燃し、がんに移行していくこともあります。

　いまや原因も発症機序も解明された「子宮頸がん」です。近い将来、この病気を撲滅できる日がくることを私は願っています。同じ女性としても、こんなつらく悲しい思いをもう誰にもさせたくはないのです。

Q76 HPVワクチンは副作用が怖いので、まだ迷っています…

A

有効性は証明されています。
リスクとベネフィット（恩恵）をよく理解したうえで判断してほしい。

ワクチン接種後に、からだ全体に広がる痛みや、手足が動かしくい、勝手にからだが動いてしまう不随意運動などの「多様な症状」を副反応疑いと報告されています。テレビなどマスメディアを通じて、辛そうな女の子たちのショッキングな映像を目にした方も多いと思います。これらの症状は、何らかの身体症状はあるものの、画像検査や血液検査ではその身体症状に合致する異常所見が見つからない状態「機能性身体症状」であると考えられています。

なお「HPVワクチン接種後の局所の疼痛や不安等が機能性身体症状を起こすきっかけとなったことは否定できないものの、接種後1か月以上経過してから発症している人は、接種との因果関係を疑う根拠に乏しい」と専門家により評価されています。

また、HPVワクチンの接種歴がなくても、採血や他のお薬やワクチンでも同様の「多様な症状」を有する方が一定数存在したことも明らかとなっています（図表13-5）。このような「多様な症状」の報告を受け、様々な調査研究が行なわれていますが、「HPVワクチン接種との因果関係がある」という証明はされていません。

図表13-5　HPVワクチンの安全性（2015年調査結果）

> **日本初の大規模調査において、HPVワクチンと様々な有害事象の関連性はなかった**
>
> 中学3年から大学3年相当の女性約7万人を対象に
> 以下の24項目の症状に関して、
> **ワクチン接種者と非接種者とで比較調査した結果**は、有意差なしであった
>
> | | | |
> |---|---|---|
> | 1　月経不順 | 9　光をまぶしく感じる | 17　物覚えが悪くなった |
> | 2　月経量の異常 | 10　視力が急に低下 | 18　簡単な計算ができなくなった |
> | 3　関節や体が痛む | 11　めまいがする | 19　簡単な漢字が思い出せない |
> | 4　ひどい頭痛 | 12　足が冷たい | 20　身体が自分の意思に反して動く |
> | 5　身体がだるい | 13　なかなか眠れない | 21　普通に歩けなくなった |
> | 6　すぐ疲れる | 14　異常に長く寝てしまう | 22　杖や車いすが必要になった |
> | 7　集中できない | 15　皮膚が荒れてきた | 23　突然力が抜ける |
> | 8　視野の異常 | 16　過呼吸 | 24　手や足に力が入らない |

資料) 名古屋STUDY（2018年）より

その後も専門家の会議において継続的に議論されてきました。2021（令和3）年11月12日に開催された会議において、安全性について特段の懸念が認められないことが確認され、接種による有効性が副反応のリスクを明らかに上回ると認められました。また、引き続きHPVワクチンの安全性の評価を行なっていくこと、接種後に生じた症状の診療に係る協力医療機関の診療実態の継続的な把握や体制強化を行なっていくこと、都道府県や地域の医療機関等の関係機関の連携を強化し地域の支援体制を充実させていくこと、ワクチンについての情報提供を充実させていくことなどを進め、積極的な勧奨を差し控えている状態を終了させることが妥当であると判断されました。

こうした専門家の意見を踏まえ、同2021年11月に差し控えの状態を終了させることとなり、基本的に2022（令和4）年4月から個別の勧奨（個別に接種のお知らせを送る取組み）が再開となりました。

すべてのワクチンは健康な人に対し病気を予防するために、有効性や安全性を評価する臨床研究を重ねています。時を重ねどんなに科学技術が進んでも、すべての人が副反応ゼロになることはないでしょう。

私は決してワクチン接種を押し付けるつもりはありません。それでも、HPVワクチンのリスクとベネフィット（恩恵）を理解したうえで、特に未来ある思春期女子たちには、自分のからだは自分で守っていくために接種を判断してほしいと思います。

 Q77 男の子は関係ない？

関係あります。

HPVワクチンは、頭頚部がんや肛門がん、男性に発症する陰茎がんなどを予防するだけでなく、集団免疫としての女性に対する感染予防の意味があり、海外では50か国以上の国や地域で男の子も定期接種になっています。

日本でも一部自治体では男子への接種も開始されています。今後さらに推進すると考えられます。

Column

そもそもウイルスって？

　私たちのからだには多くのウイルスや細菌が存在し、通常は免疫によって悪さをしないように抑えられ共存していることがわかっています。子どものころにかかる「水ぼうそう」はヘルペスウイルス感染で、発疹や発熱をしてもそのウイルスは脊髄神経に潜伏します。しかし、年齢を重ね体力が低下したときに「帯状疱疹」として再発をするのです。

　頻度は下がりますが、それと同じようなことがHPV感染にも言えます。つまり、多くの人が性交に類似した行為でHPVに感染しますが、ほとんどの人が自分の免疫力でウイルスの増殖を抑え込むことができるのです。しかし、HPVのなかのハイリスク型といわれる悪性度の高いウイルスが増殖し炎症が持続していくと、「異形成」から「がん」へと進行していきます。

　私は新型コロナウイルス感染が起こる前から、この経過を下図のように肺炎に例えて講演などで伝えてきました。

　誰でも、疲れがたまってストレスを感じると喉が痛くなった経験があると思います。それが、風邪ウイルスの一種であるコロナやHPV感染だとしましょう。ほとんどの人は、しっかり栄養を摂ってゆっくり休めば元気になります。しかし、無理を続けてきちんと食事を摂らず、睡眠不足の状態だと、なかには咳が出たり、発熱してきます。まさにこれが「異形成」です。

　さらにそのまま放置し、免疫力が低下した状態が続くと肺炎になり、まれに命を落とすことだってあります。それが「子宮頸がん」です。このように、ありふれた感染により起こるまれな合併症が子宮頸がんなのです。

　ウイルス感染は誰にでも起こりますが、「免疫力」はとても大切です。性交経験がなければHPVワクチンで高い有効性が得られますが、性交経験があっても新たな感染を防ぐために効果はあります。近年、増加傾向にある進行が速い腺がんは、ワクチンでしか予防はできません。

　HPV感染から子宮頸がん（腺がんを除く）に移行するまで数年から10年程度かかるといわれています。その間に検診で見つかれば、子宮や命を失うことはありません。

HPV感染から子宮頸がんへと進行する自然史

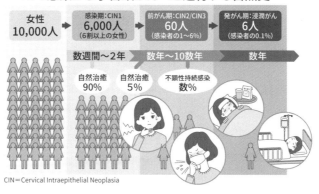

CIN＝Cervical Intraepithelial Neoplasia

Part 13のまとめ

① ありふれたHPV感染による、まれな合併症が子宮頸がん

② 子宮頸がんはワクチンと検診で予防できる

③ HPVワクチンのリスクとベネフィットを知って自分で判断しよう

日本は先進国のなかでも検診率が低く、特に若い世代の子宮がん罹患率が高くなっている

資料8　世界各国の子宮頸がん検診受診率（OECD加盟国における20〜69歳の女性）

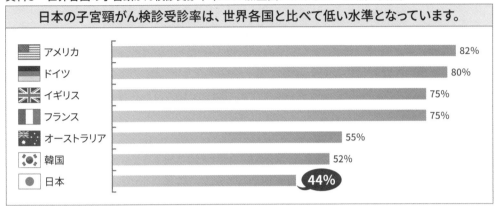

日本の子宮頸がん検診受診率は、世界各国と比べて低い水準となっています。

アメリカ	82%
ドイツ	80%
イギリス	75%
フランス	75%
オーストラリア	55%
韓国	52%
日本	**44%**

2019年（日本）あるいは直近のデータに基づく（数値は四捨五入して表示）
資料）公益財団法人がん研究振興財団がんの統計2022より作図
　　　厚生労働省2019年 国民生活基礎調査の概況より作図
　　　https://www.mhlw.go.jp/toukei/saikin/hw/k-tyosa/k-tyosa19/dl/04.pdf (Accessed May 26, 2023)

資料9　世界における子宮頸がんの罹患数と死亡数（2018年）

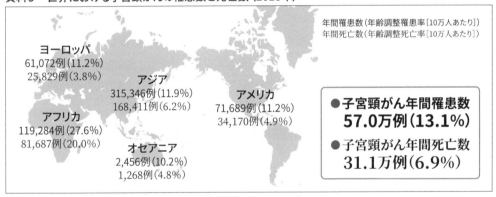

年間罹患数（年齢調整罹患率[10万人あたり]）
年間死亡数（年齢調整死亡率[10万人あたり]）

ヨーロッパ
61,072例（11.2%）
25,829例（3.8%）

アジア
315,346例（11.9%）
168,411例（6.2%）

アメリカ
71,689例（11.2%）
34,170例（4.9%）

アフリカ
119,284例（27.6%）
81,687例（20.0%）

オセアニア
2,456例（10.2%）
1,268例（4.8%）

●子宮頸がん年間罹患数
57.0万例（13.1%）
●子宮頸がん年間死亡数
31.1万例（6.9%）

資料) ICO/IARC Information Centre on HPV and Cancer (HPV Information Centre) , 2019
　　　http://www.hpvcentre.net/statistics/reports/XWX.pdf より作図

資料10　増えている日本における子宮頸がんの罹患数と死亡数

●1年間に**約10,000人**の女性が**子宮頸がんを発症**（76人に1人）

●1年間に**約2,900人**の女性が**子宮頸がんで死亡**（1日に約8人）

●**20〜30歳代女性**で罹患率・死亡率ともに増加。30〜40歳台がピーク

資料) 国立がん研究センターがん情報サービス「がん統計」（罹患データ1958〜2021年、死亡データ1958〜2019年）や日本医師会（2023年）
より作成

Part 14

LGBTQ／LGBTsって?

「先生! 胸小さくする方法ない? こんな痛い生理なんかいらないよ。オレ、
早く仕事始めてお金ためて、いずれ手術したいんだ」

一見、男の子に見間違う18歳の少女が、生理痛を訴えて受診されました。
聞けば、小学校低学年から自分が女の子ということに違和感を抱き始め、
親が与える赤やピンクの服やバッグは身に着けることなく、男の子と一緒に
遊ぶのが楽しかったというのです。

最近では、人気を博するLGBTQ／LGBTsの芸能人を数多く目にするように
なり、マスメディアでも性の多様性が受け入れられてきたように感じます。し
かし、学校現場ではまだすべてに周知されているとはいえません。

そこで本項では、性的マイノリティであるLGBTQ／LGBTsについて考えてい
きましょう。

Q78 LGBTQって?

A

生まれ持った身体に違和感があり、身体の性別とは異なる性別で生きることを望む人たちのことを言います。

　近年わが国では「性的指向と性自認」に関連し、性的マイノリティの子どもに対するきめ細やかな対応が求められています。2016年には文部科学省から教員向けに「性同一性障害や性的指向・性自認に係る、児童生徒に対するきめ細やかな対応等の実施について」のリーフレットが配布されました。

　一方で、いじめを受けたり、不登校や自傷行為に繋がる子どもたちの中には、「性的マイノリティ」といわれるLGBTQが存在することもわかってきました。2017年には、いじめ防止対策推進法においてもLGBTQへ言及されました。さらに2023年には「LGBT促進法」として、性的指向及びジェンダーアイデンティティ（性自認）の多様性に対する国民の理解を増進する法律が制定されました。

　LGBTとはLesbian（女性同性愛者）、Gay（男性同性愛者）、Bisexual（両性愛者）、Transgender（生まれ持った身体に違和感があり、身体の性別とは異なる性別で生きることを望む者＝冒頭の18歳女性）の略語です。

　さらに、性的指向も自認もはっきりせず、どちらにも当てはまらないことをQuestioningといい、LGBTQ、もしくはLGBTs*と表わすことになりました。

　こころもからだも揺れ動く時期である思春期の子どもたちの中には、成長過程で性に対する指向や自認も変化することがあります。

　　＊LGBTsの"s"は、LGBTに当てはまらない"その他のさまざまな人たち"というような意味合いで、略語ではありません

図表14-1　性の4つの要素

からだの性	生まれながらの性 生物的な性
こころの性	自身の性をどう認識するか
性的指向	好きになる性 恋愛対象の性
性別表現	言葉遣いやファッションなど、自分の性をどのように表現したいか

図表14-2　LGBTQとは

L レズビアン	女性を好きな女性
G ゲイ	男性を好きな男性
B バイセクシュアル	性別に関係なく性的魅力を感じる人
T トランスジェンダー	自身の性と心の性が一致しない人 （性同一性障害や性別違和は医学的な診断名）
Q クエスチョニング	性自認が未確定の人。探している、迷っているなども含む状態

**Q79 仲のよい友人から
「私は、セクシュアルマイノリティだ」と
打ち明けられたら、どう対応したらいい?**

A

友人として受け止めて、今までどおりに仲良しでいてください。

　私は以前、患者さんであった当事者から、実際に抱える生きづらさを「自分には似合わない着たくない服をずっと脱げないでいる状態」と表現されたことがあります。

　とても窮屈で、親や兄弟、友人にもわかってもらえない苦しさと寂しさを彼女から教えてもらいました。

　きっとこの方は、相当の覚悟をして信頼できる友人に「カミングアウト（自己開示）」したのでしょう。「友人として等身大の自分を知ってほしい」と考えたのでしょう。

　まずは、友人として受け止めてあげてください。そして今までどおりに接すればよいのです。

　性指向や性自認がどちらであれ、その友人はこれからも仲良しでいてほしくてあなたを信頼して打ち明けてくれたのです。話してくれたことをねぎらい、いじめや孤立など困っていないかもできれば聞いてあげてほしいですね。できればずっと仲良しでいてあげてください。

図表14-3　セクシュアルマイノリティとは

- 性的マイノリティ、性的少数派、とも言う

- 性自認、性別表現、性的指向などにおいて、多数とは異なる人たち

- LGBTと同義で使われることも多い

図表14-5　差別する言動はやめよう

> **日常のことばで傷つきます**
>
> ✗ **差別的な言葉**
> 　「ホモ・レズ・オカマ」などは差別的な言葉
>
> ○ **省略しなければ差別語にはなりません**
> 　ホモ ➡ ホモセクシュアル
> 　レズ ➡ レズビアン

図表14-4　性は多様

- LGBTQの枠にはあてはまらない人もいる

- 性別の認識がない人もいる

- 違いを否定してはいけない

- 見た目だけで勝手に決めつけない

- 「ホモ」「レズ」「オカマ」などの差別用語は当事者を傷つける

図表14-1～14-5：宇田川和子作成

Q80 ホルモン治療は 何歳くらいから始めたらよいか?

A

原則は18歳。
必要と認められれば15歳以上で可能です。

　原則的には、性徴が完成する18歳になればホルモン療法は開始できます。

　「性同一性障害に関する診断と治療ガイドライン（第4版）」によれば、ホルモン治療の適応は、2年以上2名の精神科医療チームで経過を観察し、特に必要であると認められれば、治療開始は15歳以上で可能と引き下げられました。

　副作用は、重篤となるのはほとんどありませんが、男性ホルモンに関しては薄毛やニキビの発出などがあります。

　いずれにしろ未成年に対するホルモン治療は保護者の了解が必要となり、日本精神神経学会への報告も義務となります。なお、適合手術は成年（18歳）に達していることが条件になります。

Q81 ホルモン注射を望んでいるという 小学5年生の男子。 どう対応したらよい?

A

第二次性徴抑制ホルモン治療は不可逆的。
ガイドラインに「12歳未満は慎重に検討する」とあります。

　小学5年生というとちょうど第二次性徴が始まり、男の子なら声変わり、女の子なら乳房発育を認め、月経が始まる子もいます。陰毛も生え始め、LGBTQ／LGBTsであれば、性自認を受け入れられなくなり、教科書的には第二次性徴を止めるという治療の選択肢が存在します。

　それまで、精神科医の診断も受けていたとしても、第二次性徴は男女ともその後の長い人生において、性ホルモンだけでなくからだをつくる大切なさまざまなホルモン

分泌が活発に出る時期です。

　私ならその子の将来を考えると、もう少し成長を診ていくこととし、直ぐに投与はできません。なぜなら、第二次性徴抑制ホルモン治療は不可逆的で、あとから思い直しても元には戻らないからです。

　思春期はQuestionのこともあり、日本精神神経学会ガイドラインにおいても、12歳未満の場合は特に慎重に適応を検討すると記載してあります。

Q82 戸籍を変えたいという子。どう対応したらよいか?

A
「性同一性障害特例法」の5つの要件を話して、相談に乗ってください。

　こちらは、2003年に成立した「性同一性障害特例法」により、5つの要件が満たされれば可能となります。

❶ 成年（18歳）に達していること
❷ 婚姻していないこと
❸ 現在、未成年の子供がいないこと
❹ 生殖腺がないこと、または生殖機能を永続的に欠く状態であること
❺ 外観が他の性別に係る身体の性器に近似していること

ですが、かなりハードルは高いものと考えられます。

　特に、❹❺の要件は適合手術の必要があるのかなど人権問題にもなっているなかで、2023年10月、最高裁は性別変更の手術要件（生殖を不能にする手術要件）をめぐる規定は憲法違反と判断。手術なしでの性別変更が認められる方向にあります。

Q₈₃ 保険適用はあるの？

A
診断やメンタル面でのサポートや治療は、健康保険が適用。
ただし、ホルモン療法などは全額自己負担です。

　診断やメンタル面でのサポートや治療は、健康保険が適用されます。

　一方、身体治療やホルモン療法、乳房切除、性別適合手術は、保険適用外です（ただし、一定の基準を満たす医療機関で行なう性別適合手術が、2018年4月より保険適用となっています）。性別適合手術は、形成外科や泌尿器科、産婦人科が一丸となって治療にあたり、手術を担当する麻酔科医もチームに加わります。

　保険適用の条件は厳しく、ホルモン療法を行なっている場合は、保険適用にはならず、全額自己負担になっています。しかし、今後は当事者の声が制度を変えていく可能性もあります。

Part 14のまとめ
❶「好き」にはいろいろなカタチがある
❷多様性の時代、認め合おう

Part 15

それってデートDVかも……

多くの子どもたちがスマホを持つようになり、SNSが普及し、いつでも誰とでも繋がることができる時代となりました。そんな便利な世の中になった故に、逃れられない、恐ろしく困った事例も起こっています。

私のクリニックに受診される患者さんのなかでも、「彼が外で見張っているの」「何をやるにもいちいち彼に報告しなくちゃいけなくて」「やきもち焼くので困っている」「大好きなんだけど…」などなど、愛情だけでは片づけられない、執拗に拘束するオトコの存在が見え隠れします。

「本当にそのままでいいの? 辛くなったり、相手が怖いと思ったら、いつでも相談してね」。私はいつもそう伝えています。

本人も気づかない暴力、カップル間で起こるドメスティック・バイオレンス（デートDV）について考えていきます。

Q 84 デートDVとは 具体的にどんなことを言うの?

A
「約束事が多い」「怖い」と感じたら、です。

　こんな高校一年の女の子が受診されました。

　可愛くて誰から見ても美人といわれるタイプ。付き合っている彼は、普段はとても優しいのに、いったんキレると手が付けられないほど暴力的になるのだそう。自宅にいて家族とごはんを食べていても、彼からのメッセージには直ぐ返信しないと怒られたり、彼以外の男性と話すことも禁止されたりしているといいます。はじめは隠していましたが、彼女のからだにはいくつもの「あざ」がありました。

図表15-1　これらは「愛」ではなく「デートDV」

　このように、「約束事が多いこと」「怖いと感じるとき」はデートDVであると言えるでしょう。

Q85 デートDVについて 生徒から相談されました。 どうアドバイスしたらよいか?

A

じっくり話を聴いて、自己肯定感を高めてあげてください。 友人にも協力してもらい、一人にならないよう指導も。

　まずは、相談しに来てくれたことをほめてあげてください。

　実は、はじめは本人も周りも、デートDVだと気づいていないことも多いからです。じっくり時間をかけて話を聴いてください。けっして相手を呼び出したり、別れるよう指示したり、注意してはいけません。何より、その子の自己肯定感を高めるようアドバイスしてほしいのです。例えば、

　「あなたは自分の考えでここに来たよね」

　「自分の人生はこれから自分で変えられるのよ」

などと、励ましの言葉をかけてあげられたらいいですね。

　これはデートDVであり、暴力であることに気づかせてください。そして、まずは自身の身を守ること。できれば同性の友人にも協力してもらい、一人にならないよう指導してください。さらに暴力がエスカレートするようなら、家族にも伝え警察へ相談しましょう。

　また、以下のような相談窓口もあることを伝えてください。

　全国共通のDV相談ナビ「＃8008（はれれば）」に電話すれば、相談機関を紹介してくれること。

　24時間相談受付の「デートDV110番」(050-3204-0404)もあること。

Column

男の子にも起こる性被害

　性被害は決して女性だけに起こることではありません。世界中の歴史を紐解けば、男性への性被害は昔から存在していましたし、最近では有名芸能事務所での男性タレントに対する性被害が大きく報道されました。私は講演でも子どもたちに必ず伝えますが、「男の子だから大丈夫ではない」のです。性被害を受けてもなかなか周りに伝えられず、自分独りで悩んで隠そうとすることも少なくありません。

　性被害は別名「魂の殺人」とも表現されます。被害を受けた子どもの心は大きく傷つき、長い経過においてトラウマとなり、その後うつ病やPTSDなどの精神疾患を併発するケースだってあるのです。被害に遭った子どもへの軽々しい同調や励ましは禁物です。まずはゆっくり話を聴いて受け止めてあげてください。

Q86 避妊してくれない彼って、愛されている証拠？

A

それはDVです。

　私のクリニックにも、診察室に一緒に入ってきて、片時も離れない高校生のカップルがいました。お互いのスマホはチェックし、診察する医師ですら男性との接触は許さないというのです。数か月後、妊娠反応が出たと再診した際、避妊はすべて相手任せであったとのこと。結果、中絶手術になったのですが、それも本人の意思ではなく、すべて彼の指示で産めなくなったと言うのです。

　残念ながらこのようなデートDVは、世の中に多く存在しています。きっと今の彼と別れてもまた同じように支配する男性を選んでしまうのでは……。

　これまで生きてきた自分を信じて、女性として自信を持って生きてほしい。自己肯定感を高めることで幸せになってもらうことを願うばかりです。

Part 15のまとめ

❶「約束事が多い」「怖い」と感じたら、それはデートDV

❷一対一にならないようにする

❸大人や友達に伝え、味方になってもらう

資料11　デートDVチェックリスト

あなたが体験したことがある項目に○をつけてください。

☐　殴る・ける・たたく・髪の毛を引っ張るなど、身体に暴力を振るわれている。

☐　殴る・ける・たたくまねや物を壊すことで脅される。

☐　「バカ」「ブス」「デブ」など、自分をバカにしたようなことを言われる。

☐　何か他の用事で相手に会えないと怒られる。

☐　ささいなことで、すぐ不機嫌になって、無視される。

☐　物事を相談無しに勝手に決められる。

☐　携帯電話のメールや通話履歴などをチェックされる。

☐　頻繁に電話やメールをされたり、するように言われたりして行動をチェックされる。

☐　電話に出なかったり、メールをすぐに返信しなかったりすると怒ったり無視したりされる。

☐　自分以外の異性と会うことを制限される。

☐　服装や髪形、態度、友人関係などを細かくチェックされる。

☐　キスや性行為を無理に要求される。

☐　避妊に協力しない。中絶を強要する。

☐　別れようとすると、「付きまとってやる」「自殺してやる」などと言って脅し、別れてくれない。

資料）札幌市市民文化局男女共同参画室

あとがきに代えて

────── 「保健室は学校のオアシス」です ──────

　学生時代、私は体調が悪くなると、よく保健室のドアを叩きました。養護の先生に優しい笑顔で迎え入れられ、背中をさすってもらったり、ベッドに座って話を聴いてもらったりしただけで、不思議と元気になったものです。

　「保健室は学校のオアシス」。私は講演でそう伝えています。どうか温かな笑顔で、これからも子どもたちに寄り添ってあげてください。そして、思春期の"悩める"女の子、男の子たち、「性」のことで困ったり、知りたいことがあったら、保健室の先生に声をかけてください。

　少しでも私の「性教育」への思いがみなさまに届きますように。

　今回の原稿は、株式会社日本学校保健研修社発行の『健』に2017年6月号〜18年5月号に掲載したものがもとになっています。連載掲載においては『健』編集部の皆様に大変お世話になりました。

　また、千葉県柏市の高等学校養護教諭の宇田川和子さんには、内容を検討していただいて項目や質問を増したり、資料を提供いただいたりなど、大変お世話になりました。宇田川さんは、「性教育」の充実に向けて、日頃から情報を交換しあい共に学びあっている仲間です。この度の出版は、彼女からの「1冊にまとめたらどうか」という一言からでした。最後までご協力いただき感謝しています。

　そして、昨今の出版不況にかかわらず、この度の出版を快くお引き受けくださいました労働教育センター社長の南千佳子さん、企画編集に携わってくださいました久保田久代さんに心より感謝申し上げます。

　最後に、「産婦人科は怖いところじゃないよ」「女の子のミカタになるのが産婦人科医だよ」のメッセージとともに、すべての産婦人科医が、思春期の女の子に寄り添える時代が来ることを期待しています。

　最後まで読んでいただきありがとうございました。

八田　真理子

著　者 ●

八田 真理子（はった まりこ）

1990年　聖マリアンナ医科大学医学部卒業

1990年　順天堂大学産婦人科 研修医

1992年　千葉大学産婦人科 医員

1993年4月〜1998年3月　松戸市立病院産婦人科 医長

1998年4月〜　聖順会ジュノ・ヴェスタクリニック八田 院長、現在に至る。女性の幸せを願い、サポートするクリニックとして、思春期から更年期までの幅広い女性の診療にあたっている。

著書に『産婦人科医が教えるオトナ女子に知っておいてほしい大切なからだの話』（アスコム）など。

日本産科婦人科学会専門医

母体保護法指定医

日本女性医学学会専門医

日本抗加齢学会専門医

日本産科婦人科学会認定 ヘルスケアアドバイザー

日本スポーツ協会公認スポーツドクター

日本医師会認定健康スポーツ医

日本思春期学会 性教育認定講師

千葉県立松戸国際高等学校 学校医

松戸市立栗ヶ沢中学校 学校医

聖徳大学 兼任講師

日本マタニティフィットネス協会認定インストラクター

NPO法人フィット・フォーマザー・ジャパン理事

2018年11月　恩賜財団母子愛育会会長賞

2019年11月　健やか親子21 厚生労働大臣賞受賞

〈連絡先〉 〒270-2267　千葉県松戸市牧の原2番地92　聖順会 ジュノ・ヴェスタクリニック八田
　　　　　電話:047-385-3281　予約専用:080-2257-2581

協力者 ●

宇田川 和子（うだがわ かずこ）

千葉県公立高等学校養護教諭。

養護教諭経験37年。高校5校に勤務。

養護教諭向けの研修会を県内各地で主催。2011年から18年までフィジカルアセスメントやメンタル、ネット依存症など多岐にわたって78回開催。延参加人数は3,200人を超える。「養護教諭は常に学び続けなければならない」をモットーとしている。

図表・資料等のダウンロードについて

誌面の図表・資料等は、下記URLよりダウンロードできます。
ダウンロードの際に、下記の共通パスワードを入力してください。

URL	www.rks.co.jp/puberty/
共通パスワード	shishunki2020

ダウンロード項目一覧

増補改訂版

思春期女子のからだと心 Q&A

資料ダウンロード付き

2023年12月15日　第1版第1刷発行

著　者　八田 真理子

発行者　南 千佳子

発行所　㈱労働教育センター

　　　　〒101-0051

　　　　東京都千代田区神田神保町2-2-34 千代田三信ビル5F

　　　　電話：03-3288-3322　FAX：03-3288-5577

　　　　振替口座：00110-2-125488

編集協力　オフィス2

イラスト　パウロタスク

デザイン　㈱エムツーカンパニー